コンプレックス・リベンジ

僕はいじめられっ子だった〜

目次

プロローグ

～YouTube講演家としての今

高校卒業後、僕は愛媛県から東京に引っ越し、最初はアルバイトとして日本マクドナルド株式会社に入社しました。

4年後の23歳で正社員となり、30歳で店長に昇進。32歳の時には、当時のマクドナルド3、300店舗中、お客様満足度日本一・従業員満足度日本一・セールス伸び率日本一を獲得。僕は最優秀店長として表彰されました。

その後も最優秀コンサルタント・米国プレジデントアワード・米国サークルオブエクセレンスと、国内のみならず本家米国のマクドナルドからもさまざまな賞をいただきました。

本社に引き抜かれ、上司からも将来を嘱望されていた矢先……僕はマクドナルドを退職することを決めました。

当時マクドナルドの社内でもちょっとした騒ぎになっていたと思います。

けれどもそれは決して衝動的な行動ではなく、「自分の命の使い方」に目覚めてしまったからに他なりません。

「サービス業で働く人から、世界中の人を幸せにする」

サービス業で働く全ての方が、自分の仕事の価値に気付いたら、世界は変わるに違いないと確信したからです。

「サービス業で働く全ての方が、自分の本当の仕事の意味、意義に気づくために、いったい何ができるだろうか？」

考え抜いて出した結論が、「ハッピーマイレージ活動」でした。
これは、サービスを受ける側であるお客さまが、サービス業で働く人を「承認」する活動です。笑顔の素晴らしい店員さんに「元気もらいました！　ありがとう！」とお礼を伝えて「ハッピーマイレージの赤いカード」を渡します。
そのカードと承認のメッセージをお客さまから受け取ったサービスパーソンは、次のお客さまをお迎えするとき、もっともっと素晴らしい心からの笑顔で接客する。
そうやって、幸せのペイフォワードをお客さまから伝えていく活動がハッピーマイレージです。

「承認の世界を作って、サービス業で働く人から、世界中の人を幸せにする」

命の限り続けていく使命を見つけ、心の炎が燃え滾《たぎ》っていた僕は、独立直後5年以内の達成目標を打ち立てました。

一、マクドナルド時代よりも収入を2倍にする！
二、講演を年間２００回以上、必ずやる！
三、自分の本を出版する！
四、ハッピーマイレージカードを10万枚以上配る！
五、社会貢献の一環として、パシフィコ横浜で記念イベントをやる！
六、体重を最低９キロは減らす！
七、家族と過ごす「ファミリーデー」を週に１日ちゃんとキープして、物心両面で豊かになる！

夢を描いてから5年後、僕の年収はマクドナルド時代の２・５倍になりました。

さらに独立から10年が経った今、会社の年商は7億円を超え、年間３３０回以上の講演を行うようになりました。

今ではYouTube講演家として活動の幅を広げ、チャンネル登録者数は106万人を突破。動画の総再生回数は2億回を超え、日本でトップクラスの集客を誇る講演家になれました。

2020年には、堀江貴文さん、キングコング 西野亮廣さん、オリエンタルラジオ 中田敦彦さんをはじめ、数多くのインフルエンサーとコラボして、有益な情報を世の中に広めるお仕事をさせていただくこともできました。

出版に関しては、5年の間に本を一冊出すのが目標でしたが……

実際には二冊を上梓。その後、自ら出版社を立ち上げて本書で20冊目（海外2冊）の書籍を世の中に広めています。

サービス業で働く人を承認するために作ったハッピーマイレージカードは、目標の10万枚をはるかに上回り、約110万枚を配り切りました。

記念イベントは、2013年から毎年実施して、2016年10月18日にパシフィコ横浜にて、仲間の力を借りて2000名が参加する「私は自分の仕事が大好き大賞」を開催することができました。

このスピーチ大会は後に「働き方革命」と名を変えて、毎年3000名以上の参加者を集めるビッグイベントに成長を遂げています。

健康面では、体重9キロ減の目標が、実際には12キロの減量に成功。現在は体脂肪率8~12%を維持しながら筋力強化に励んでいます。

そして、休みは週2日必ず確保して、家族と過ごすファミリーデーを作っています。仕事の日も少しでも時間が空けば、「宇宙一」のかみさんとランチやティータイムを楽しんでいます。

1日24時間、ビジネス・社会貢献・プライベート、すべての面で、僕は充実した時間を過ごせるようになりました。

時間の使い方が独立前とは180度変わり、物心両面で豊かになれました。

マクドナルドを卒業した時に思い描いた夢……そのものの日常を過ごすことができています。

そんな僕ですが、順風満帆な人生を歩んできたわけではありません。

むしろその逆……

小さい頃にひどい虐《いじ》めに遭い、声が出せなくなってしまったこともありました。

スポーツ万能で優秀な兄貴の影に隠れ、何をやってもダメな自分が嫌になり、暗い青春時代を送りました。

大きなコンプレックスを抱え、数多くの挫折を経験した僕でしたが……

人との出会いに救われました。

挫折を通じて学んだことが、後の飛躍につながりました。

「挫折を通じてしか、人は成長できない」

過去を振り返ってみると、確信をもってそう言い切れます。
そして、コンプレックスに悩んでいる全ての方に伝えたい。

「コンプレックスなくして、輝ける人なんていない」

コンプレックス・リベンジ

～僕はいじめられっ子だった～

1章

自分の土台

―マクドナルド時代に培ったもの

YouTube講演家として活動を続ける今、YouTubeチャンネル登録数は106万人、再生回数は2億回を超えました。もちろん、まだまだこれからも成長を続けていきますが、世に言う成功を収め、多くの人に影響を与える講演家になったという自負があります。


その原動力は、紛れもなくマクドナルドでの経験です。

マクドナルド時代があったからこそ、今の僕がいます。


責任あるポジションを担い、会社の売り上げや利益のことを考えるのは社員の仕事。アルバイトは社員に頼まれた事だけを勤務時間内にこなしていくだけ。

大学生になってアルバイトを始めたばかりの頃、僕にとってアルバイトとは「時給でお金を稼ぐこと」に過ぎませんでした。

そんな僕の考え方を、根底から変えてくれたのがマクドナルドという会社でした。

マクドナルドのアルバイト・スタッフは、お客さまに喜んでいただくための工夫と労力を惜しみません。後輩のトレーニングやチームワークの向上に全精力を注ぎ込み、会社の発展に貢献しています。「働くことの責任と喜び」を教えてくれたのが、マクドナルドでのアルバイト経験でした。

最初は正直「たかがバイトだろ」と思っていました。でも、

「自分から責任を取りにいって全力で働いた方が、仕事は何十倍も面白い！」

22歳ごろ　マックでのアルバイト最終日

そう思えるようになりました。それは、マクドナルドで出会った素晴らしい社員さんや、一緒に働く仲間から「何でも全力でやれば面白い！」と教えてもらったからです。

アルバイトを始めて４年後の23歳で正社員となり、30歳で店長に昇進しました。マクドナルドは年間売上高５、０００億円以上の大企業ですが、業績の全てはあくまで全国３、３００店舗の現場から生み出されるもの。その現場の全ての責任を負い、権限を握っているのが店長です。

「マクドナルド・ビジネスの主役は？」と聞かれたら、僕は迷わず「店長です」と答えます。

僕は25年間マクドナルドで働かせてもらっている間に、本当に多くの店長に出会ってきました。それはもう本当に千差万別で、同じ店長は一人としていませんでした。

毎日話を聞いてくれて、「昨日ちゃんと食事をしたか?」とまで確認してくれる親父のような店長。

「鴨頭！　トレーニング、最初からやり直し！」と、まるで熱血先生のような店長。

本当に様々なスタイルの店長に出会ってきました。ただ一つ、全ての店長に言えることは、

「自分以上にマクドナルドを愛している人間はいない」

とみんなが思っています。

マクドナルドの店長が活き活きと輝いていれば、マクドナルド・ブランドもいっそう輝き続けます。

現場のリーダーこそ、その企業のブランド価値を決めるキーパーソンです。それはどんな業種、業態でも共通です。

店長時代、僕は様々なチャレンジをさせてもらいました。

様々な施策の結果、オープン当初大赤字だった店舗を黒字転換させ、さらにはマクドナルド全社に影響を及ぼすような「奇跡の店」へと成長を遂げたこともありました。

一方で、スタッフの期待を裏切ってしまい、大切な仲間を傷つけてしまうこともありました。

時には誰の事も信じられなくなり、絶望の淵に立たされることもありました。

マクドナルドが大好きで、ロゴマークを見ただけでワクワクしていたはずの僕が……。

ある日出勤した時に、自分の店の「M」マークを見ると恐怖で足が震えてしまうようになりました。

スタッフ全員に無視されて、店舗に足が向かわなくなってしまったのです。

店長が毎日のように活き活きと夢を語っている店舗は、スタッフも活き活きと輝いています。お店をその反対の状態に出来るのも、また店長です。

失敗と成功を繰り返し、素晴らしい人に出会い、一人の人間として大きく成長することができました。

店長として日本一の実績を残した僕は、40歳になったときに東京に引き抜かれてスーパーバイザーになりました。

その当時、日本全国のマクドナルドで東京の店舗だけが赤字。他の地域の店舗が黒字経営だったおかげで、会社全体が回っていたという状態でした。

当時の社長 原田泳幸氏の「東京をなんとかしろ！」という号令のもと、営業本部長・スーパーバイザーの総入れ替えという思い切った人事が切られました。

その時、僕の上司として九州地区を担当していた藤本孝博さん（通称：ボス）が営業本部長として派遣されました。

ボスはカリスマ的な存在で、「この人のそばにいれば絶対に成長できる！」と感じられるすごい人です。

ある時ボスが僕の担当している店舗を訪問したことがありました。そして、ひとつの質問を僕に投げかけたのです。

「嘉人。結局お前は何になりたいんや？」

その時、僕はとっさに答える事が出来ませんでした。

そして同時に、即答できない自分に驚いていました。

それまでの僕は、上司からの質問には即答でかつ、上司の期待を上回る答えをプレゼンできると、自信と確信に満ち満ちていました。

でも、「結局お前は何になりたいんや？」という、ボスの問いには答えられなかったのです。

店長として日本一の実績を残し、東京に引き抜かれてスーパーバイザーになった僕は、知らず知らずのうちに目的を見失っていたのかもしれません。

店長として赴任した先の店舗の売り上げを伸ばし続け、「俺がいれば全てうまくいく！」と思い込み、ある意味調子に乗っていたのかもしれません。

そんな僕を叩き直してくれたのがボスでした。

そして、僕のさらなる成長の機会を与えてくれたのが、ボスとの出会いだったのです。

今ではよくわかります。

何故「結局お前は何になりたいんや？」というボスからの問いに答えられなかったのか。それは、

「考えた事もなかったから」

ある意味究極の質問です。「どうなって死にたいんや？」とも言い換えられるような、
自分自身の命の使い方。
僕は、40歳になるまで一度も向き合ってこなかったのだとわかりました。

僕がこの究極の問いに答えられたのは、43歳になった時。
なんと約3年間もかかりました。

きっかけは、居酒屋「てっぺん」の代表 大嶋啓介さんの講演を聴いたことでした。
僕は一番前の席で大嶋さんの話を聴いて、最初からずっと泣きっぱなしでした。
感動して泣いていたのではありません。

悔しくてたまらなかった……

店舗ビジネスという競争の世界で「一緒に成功しよう！」と、自分より8歳も年下の大嶋さんが語る姿を目の当たりにして、自分のちっぽけさを知りました。

でも、それと同時にやる気に満ち溢れてきたんです。

「僕もこうやって講演が出来るはずだ。よし、やるぞ！」

その想いをそのまま、ボスにぶつけました。

「ボス、わかりました！　僕は……人気者になります！

有名人じゃなくて人気者です。出会った全ての人に、

『ありがとう！　おかげで素晴らしい人生になった！』

と言われる存在になって、価値ある人生を生き抜きます！

そのために、マクドナルドのようなサービス業で働いている人達が、自分の存在

価値に気付いて貰えるような活動をしようと思います！」

「そうか……なら、やったらええやん」

僕はすぐに退職を決めました。
未知なる世界へ、思い切って一歩前に踏み出しました。

それから10年の月日が流れました。
講演家になりたいと思い、日本でトップクラスの集客を誇る講演家になることができました。
本を出版したいと思い、20冊を上梓することができました。
社員と笑いながら仕事をして、家族と過ごす時間が増えました。

それらすべては、マクドナルドの経験があったから。

仕事をする上での物事への、取り組み方や考え方。

効率よく、そして質の高い仕事をするための、仕組みの作り方。

働く人が光り輝ける、そんな職場環境を構築するための人との関わり合い方。


その全てを、僕はマクドナルドで教わりました。


僕のYouTubeの再生回数でぶっちぎりのトップは、マクドナルドでの体験談を話した講演です。

僕の快進撃のきっかけとなったデビュー講演会は、すべてマクドナルドでの体験を話したもの。


僕がビジネスで成功できたのは、マクドナルドでたくさんのチャレンジをさせてもらった経験があるから。

僕が辛い時にもめげずに頑張ることができたのは、マクドナルドで心も身体も鍛えてもらったから。

僕が今、出会ったすべての人に感謝の気持ちで接することができているのは、マクドナルドでたくさんの人に愛情を注いでもらったから。

マクドナルドでの25年の経験が、今の僕の土台になっています。

2章 僕のコンプレックス・エイジ

僕の親父はとにかく忙しい人でした。

中学卒業後に警察に奉職し、キャリア以外で最高位まで昇りつめた努力の人。警察は昇進試験に合格しないと昇進することはできません。

本当は進学を希望していたのですが、家が貧しくて働かざるを得なくなり、とにかく勉強、勉強……仕事人間で転勤を繰り返していました。

僕たち家族は親父について引越しを繰り返し、幼かった僕は引越しをするたびに友達がゼロになる。目まぐるしく変わる環境に順応することができず、いつも3歳年上の兄貴にへばりついていました。

自分で友達を作ることができないから、いつも兄貴と兄貴の友達に遊んでもらっていました。

でも、引越しをしてから1ヶ月、2ヶ月と時間が経つ頃には慣れてきて友達もできき始める。

やっと楽しくなってきたところでまた引っ越し。その繰り返しでした。

そんな折、忘れもしない1972年5月15日。

僕が幼稚園の年長だった時、僕たち家族は沖縄県に引っ越しました。

虐《いじ》めを受け続けた少年

引っ越し当日は、沖縄返還の日。施政権がアメリカ合衆国から日本国に返還された当時の沖縄は、車は右側通行で、通貨は円とドルが混ざっていました。

荒れ果てた街は水道も整備されていなかったので断水は日常茶飯事。消防署から水をもらわないと、トイレを流し、お風呂に入る水がないような状況でした。

そんな貧しい状態で、戦後初めて沖縄に作られた豊見城団地での生活が始まりました。

幼稚園に通い始めた初日、名前ではなく「ヤマトンチュ」と呼ばれ、殴る蹴るの暴行を受けました。

幼稚園児の著者と父（右）

「ヤマトンチュ」とは、「本土の人間」という意味。

つまり、ここにいるべき人間ではないと周囲の全員から総攻撃を受けました。

当時、貧困の中の沖縄の住民は、ボロボロのTシャツと擦り切れた靴しか持っていませんでした。そこに、襟つきのシャツにおしゃれなズボン、靴下と新品の靴を履いた僕の姿を見て、許せなかったのでしょう。
毎日ボコボコに殴られて、着ていた服は剥ぎ取られました。自転車に乗っている姿を見られると、殴る蹴るの暴行を受けて自転車は奪い取られる。家の車は2年半の間に5回盗まれました。

小学校に上がる頃にはさらにエスカレートしていきました。平和な日常ももちろんあったとは思うのですが、記憶に残っているのは殴られ続けてモノを奪い取られたことだけ。
沖縄での2年半は恐怖の記憶しかありませんでした。

小学校の授業が終わると、同じ学校に通う兄貴が「嘉人、帰るぞ」と教室まで迎えにきてくれました。でも、「嫌だ、外に出たらやられるんだ」と言って、ずっとうずくまっている光景を今でもうっすらと覚えています。

こんなこともありました。体育館の裏で5、6人に囲まれて、「股裂きの刑だ！」といって足を両方から引っ張られる。「やめて！」っていくら言ってもやめてくれない。股から血が出始めて、僕の泣き叫ぶ声を耳にした先生が慌てて駆け寄ってきたのに……見てみぬふりをして、そっとその場から去って行きました。

「そうか……ここには、僕を助けてくれる大人は誰もいないんだ」

痛みを感じながら、虚しさが押し寄せてきたことを覚えています。

僕のことを助けてくれるのは兄貴だけでした。僕が虐《いじ》められている時、兄貴がたまたま居合わせたら、いじめっ子たちを兄貴が蹴散らしてくれました。だから、ずっと兄貴から離れられなかった。ずっと兄貴に金魚の糞のようにくっついていました。

でも、兄貴がそばにいない時、「お前、兄ちゃんに金魚の糞みたいにくっついて、本当に意気地のない奴だな」とボコボコに殴られる。その繰り返しでした。

そんな中でも、家に帰ったら僕は明るく振る舞っていました。親父とお袋には虐められていることを知られたくないと思っていたから、いつもおどけていました。ものまねをしたり、ふざけたり、とにかく両親を笑わせていました。「本当にあんたは面白い子ね」。お袋が僕に気を遣って言ったのか、本当にそう思っていたのか、僕には分からないです。でも、「あんたは面白い子ね」って言われると、「自分はここにいてもいいんだ」って思えたのです。

親父が8ミリカメラを買ってきた時、カメラを回すと兄貴は格好つけるけど、僕はいつもおどけていました。親父とお袋が笑ってくれる姿を見たかったからです。

毎日学校で殴られ続けて、辛い思い出しかないはずの沖縄時代ですが、驚くことに、当時の写真はどれをみても僕は満面の笑顔で写っています。

両親が笑っている姿を見て、「あぁ、これでいいんだ」って自分に言い聞かせていました。

そんな僕の身体に異変が起こり始めました。

ある日、学校に行ったら声が出なくなってしまったのです。

ずっと俯いたまま何も喋らず、授業中に発言を求められても何も言わない。喋ろうとする素振りを見せても声を発しない僕の姿を見て、さすがに心配したのか、「鴨頭君、大丈夫なの?」と休み時間に先生に声をかけられても、声が出ないの

小学生時代の著者(左)と3歳年上の兄

です。いわゆる失声症でした。

そして僕は小さい頃から身体が弱く、週に2、3回は熱を出していました。あまりに頻繁に体調を崩し、特に酷い時には「僕、このまま死んじゃうの……?」と不安な気持ちをお袋に吐露していました。

今考えると、身体が弱いことももちろんですが、ここまで頻繁に体調を崩すのは、心が弱かったことが原因なのではないかとも思います。

僕の3歳年上の兄貴はスポーツ万能で、小さい頃から野球好きの親父から、スパルタ英才教育を受けていました。

小学校の時から、兄貴は晩ご飯の前に3キロのランニングが課せられていました。いつも兄貴にくっついていて、兄貴と同じことをやりたかった僕はランニングについて行こうとしました。でも、体力的にも精神的にも強くなかったから、走れないのです。

その度に、「あぁ、やっぱり僕は駄目なんだ。また迷惑をかけている」と、自分で自分を卑下していました。

親父と兄貴がキャッチボールをする時も、「嘉人も行くか？」と誘われはするものの、「今日はお腹が痛いから」と仮病を使うようになりました。本当は一緒にやりたいのに……

野球が下手な自分が嫌になり、２人の邪魔をしてはいけないと思うようになったのです。

そして、「お腹が痛い……」と言い続けると、本当にお腹が痛くなるようになりました。

「僕は身体も弱いんだ。やっぱり駄目なんだ」

自己肯定感もどんどん低くなっていきました。そして、

「僕なんか、生まれてこなければよかった……」

僕はだんだんと心を塞ぎ込むようになりました。

幸せを感じることができるのは、布団の中にいる時だけ。
僕はいつしか、弱い人達を助けるヒーローになる自分の姿を想像する「布団ワーク」と名付けた妄想ゲームを、ずっと繰り返すようになっていました。

学校から帰ってくると、布団の中に潜り込みます。そして、生まれ変わった自分を想像するのです。
いじめられている子を見ると、「やめろよ！」と言っていじめっ子たちを蹴散らかし、弱い人を守ってあげる。

運動会ではリレーの選手になって、みんなに「頑張れ！」って応援されてみんなから頼りにされている。

たくさんの友達に囲まれて、笑顔で溌剌《はつらつ》と毎日を明るく楽しく過ごしている。

布団の中の僕は、スーパーヒーロー鴨頭嘉人なのです。

でも……現実の僕は毎日いじめられていて、本当はクラスメイトたちに、「友達になって」って言いたいのに、言葉を発することすらできない。

理想と現実の大きすぎるギャップを感じながら、沖縄に引っ越してきてから2年半の間、一人も友達を作ることができませんでした。

この沖縄で虐められた経験こそが、その後の僕の人生を決定づける原点のようなものだった気がします。

この時感じたコンプレックス、「弱い自分」、そしてそれを打ち消すために毎日やっていた「布団ワーク」……

それが今の鴨頭嘉人を作り出したのだと思います。

人生を変えた守谷先生との出会い

～「自己肯定感」高まる

沖縄県での辛い生活は、親父の転勤による引っ越しによって終止符が打たれました。そして福岡での生活は、僕の人生を大きく変えることとなりました。

福岡県の小郡小学校に通うことになった僕は、3年3組 守谷仁美《もりたにひとみ》先生のクラスに編入しました。

唇が分厚くて出っ歯が特徴的。漫画「おそ松くん」に出てくるイヤミというキャラクターにそっくりだったので、守谷先生は生徒全員から「イヤミ」と親しみを込めて呼ばれていました。

守谷先生はちょっと変わった先生で、生徒からたいへん人気がありました。

例えば、とても天気のいい日に国語の授業をしていたとき、

「イヤミ！　ドッヂボールやりたい！」とクラスの誰かが言うと、

「そうだよね。行こうか！」といって、授業を放っぽり出してクラス全員で外に出て、ドッチボールを始めてしまうんです。

先生も一緒になって本気で遊びます。そんな先生にちょっかいを出したくて仕方がないから、全員で先生のことを狙うんです。すると、顔面にボールが直撃して勢いよく鼻から出血、ゲームオーバー。

みんな先生のことが大好きでした。

沖縄での虐めの経験が尾を引いて、なかなか友達を作れなかった僕は、毎日守谷先生に遊んでもらっていました。僕は学校が休みの日にも先生の家に遊びに行って、

一緒に山登りをしたこともありました。

でも実は……守谷先生は学校で問題教師として扱われていました。「子供との距離が近すぎる」と、職員会議で何度も注意を受けていました。ある日先生は、ホームルームの時にクラス全員に向かってこんなお願いをしました。

「みんな、今日から私のことを〝イヤミ〟って呼ぶのはやめてちょうだい。〝もりたに先生〟って呼んでちょうだい」

すると、クラス中が大騒ぎになりました。

「え？　何言っているの？　意味わかんなーい」

「イヤミはイヤミじゃん！　先生とか呼べるわけないじゃん！」

騒ぎが収まらず、先生も収拾をつけることができなくなった中、僕は人生で初めてクラスの中で手を挙げました。

「鴨頭くん、どうしたの?」

守谷先生がそう言うと、教室中がシンっと静まり返りました。普段言葉を発しない、暗くて友達のいない転校生が初めて手をあげたからです。

「先生、僕……。先生のこと、守谷先生って呼ぶよ」

しばしの沈黙の後、守谷先生は目に浮かんだ涙をグッと堪えながら、僕に優しくこう言ってくれました。

「ありがとう、鴨頭くん……。

勇気を出して言ってくれて、本当にありがとう」

そして守谷先生は、僕をそっと抱きしめながら、堪えきれずにしばらくその場で涙を流し続けていました。

「勇気を出して言ってくれて、本当にありがとう」

僕はこの言葉を、そしてその時の守谷先生の表情を、震える声を忘れることができません。

そして僕にとっては、家族以外の人に承認された初めての瞬間でした。

「僕って、凄いんだ！　勇気があるんだ！」

そう思ったことをきっかけに、僕は人が変わったように積極的になりました。自己肯定感が高まり、たちまちクラスの中心人物になりました。

虐めの現場を見つけると、「やめろよ！」と言っていじめをやめさせるようになりました。

授業中に、先生が「ちょっとみんな静かにして」と言っても、小学生は言うことを聞きません。一向に騒ぎが収まらない様子を見ると、おしゃべりをやめないクラスメイトに向かって「お前ら静かにしろよ！」と言う役を自ら買って出るようになりました。

そして、喧嘩の強い子がいても、怯まずに挑みます。でも、身体が弱かった僕は、喧嘩の強い子に真正面からぶつかっていっても勝ち目はありません。だから、戦略的に闘いました。

僕は身体も小さかったので、殴ってくる相手の懐に入り込んでベルトを掴みます。それで、ぐっと力を入れて縮こまって、とことん相手に殴らせます。懐に入っていると、相手のパンチ力は格段に下がります。そして、無理な体制で殴り続けていると、そのうち息が切れてきます。相手がくたくたになったときに、足を引っ掛けて倒して反撃開始。

小学生の男同士の喧嘩って面白いものです。むちゃくちゃに殴り合ってくたくたになると、最後はグラウンドとか教室で寝転がって笑うのです。漫画でありそうなシーンですが、本当にそんな喧嘩を繰り返していました。

そして、思いっきり喧嘩をした後は、思いっきり仲良くなれます。喧嘩の強い子たちは、その後僕を守ってくれる強い味方に変わっていきました。

勇気を持って発言すれば、絶対に認めてもらえる。
勇気を持って喧嘩をすれば、絶対に仲良くなれる。

勇気を持って行動すれば、絶対に良いことが待っている。

「勇気を出して言ってくれて、本当にありがとう」

守谷先生の言葉が引き金となって、「勇気を出すと認めてもらえるんだ」ということがわかりました。

ただ、心は強くなっていきましたが、身体が弱いのは相変わらず。頻繁に熱を出していたのは変わりません。でも、熱を出してからが、沖縄時代とは変わっていました。高熱が出ているから、学校を休むと連絡をしようとするお袋と喧嘩をするようになりました。

「嫌だ！　学校を休みたくない！　僕が行かないと、みんなが悲しむんだ！」

無理矢理にでも登校しようと、玄関から出ようとした僕の腕を母が引っ張り、肩を脱臼したこともありました。それくらい、人が変わったかのように自己肯定感が高まっていきました。

でも、この幸せな感覚は長くは続きませんでした。

僕は中学入学、兄貴が高校入学のタイミングで、またもや引っ越しをします。

今度は親父の転勤ではありません。

兄貴が野球の名門 愛媛県立今治西高校への入学が決まったことをきっかけに、家族揃って愛媛県に引越しをすることになったのです。

自己肯定感が一気に高まり、クラスを牽引するまでになっていた僕ですが、愛媛県に引っ越し、中学校に入学してからまた〝暗黒時代〟を迎えます。

沖縄時代のような虐《いじ》めが原因ではありません。今度は兄貴に対してずっと感じていたコンプレックスが表出したのです。

兄へのコンプレックス
～名門・今治西高での挫折

中学に入学したばかりの時、「嘉人、あんたは部活は何をやるの？」ってお袋に聞かれました。

野球をやったら兄貴に負けると思っていた僕は、「野球部以外の部に入る」とぶっきらぼうに答えました。でも……結果、野球部に入ります。

僕の中では「野球で勝負したら兄貴に勝てない」という思いがありながらも、「そこから逃げていたら、俺はずっと負け犬根性で生きていかなきゃいけないんだ」と、心のどこかで思っていました。

中学野球部時代　優勝旗を持つ著者（後列左端）

だから野球をやって、レギュラーになって、野球が大好きな親父に認められたいと思っていました。

「野球が上手な兄貴は親父の誇り。僕もそうなりたい……」

親父はそんなことを、口に出して言ったことは一度もなかったけれども、僕の中では勝手にそういう物語が作られていました。

兄貴は名門・今治西高校に入学後すぐ、一年生からレギュラーを獲得しました。甲子園に何度も行き、最上級生の夏の大会では、今治西高史上最高の全国ベスト4に進出。秋の国体では全国優勝を果たし、愛媛県内で有名な伝説の5番バッターでした。

一方僕は、鳴かず飛ばずの戦績の公立中学校で汗を流すいち野球部員でした。それでも野球のバットを持って自転車を漕いでいると、「鴨頭君！」と今治市中の女の子から声をかけられることがありました。

でも、その声援は、全部僕じゃないんです。兄貴なのです。僕も兄貴も当時は丸坊主で、真っ黒に日焼けをしていて顔もよく似ていたからよく間違えられていました。

僕は中学3年生の時にはキャプテンを勤めました。

でも、最後の公式戦でレギュラーを外されます。

兄貴は甲子園常連校の主力メンバーとして甲子園の舞台で活躍し、華々しく全国放送されるテレビの中のスーパースター。

その一方、僕は普通の公立中学の補欠のキャプテン……

「やっぱり俺は駄目な人間だ……」

そう思いながら、暗い中学3年間を過ごしたことを覚えています。

補欠のキャプテンとして臨むこととなった中学最後の夏の大会が終わった直後から、猛勉強をはじめました。今治西高校に合格するために、今振り返っても人生でこれほど勉強したことがないと思うくらい、毎日机にかじりついていました。

今治西高校は当時、愛媛県で二番目に頭の良いとされる進学校でした。野球が上手くても推薦の制度はなく、勉強をしなければ今治西には入れません。

文武両道が売りの憧れの学校に入るために、兄貴に追いつき追い越すために、毎日必死に勉強しました。

結果、ギリギリの補欠合格でした。

当時の今治は野球王国だったので、野球部の練習を毎日近所のおじさんが見に来ていました。プロ野球のシーズン入り前のキャンプのような風景です。まるで河川敷の盛土のように練習場をぐるりと囲い込んで練習を見学しているおじさんたちを、僕ら野球部員たちは〝ドテ〟と呼んでいました。


「今年の新人は活きがいいな」

「あいつはメンタル弱いから駄目なんだ」

練習中に、ドテの色々な声が聞こえてきます。


「あいつは裏口入学だ」

ドテの中では、僕のギリギリ補欠合格が専らの噂話になっていました。

野球部を応援する人にとっては、裏口入学は悪口ではありません。甲子園で優勝を目指す野球部にとって必要な人材だから、多少学力が足りなくても入学を許可されたという褒め言葉です。

「スーパースターの兄貴を追って、その弟が入学してきた。これで甲子園で優勝できるぞ！」

ドテの間で、そして学校中から、はたまた今治中からの大きな期待を背負った、地獄のような3年間がスタートしました。

入学当初、授業が終わって休み時間になると、僕のいる教室の外に人だかりができるようになりました。僕の姿をひと目見るために、上級生の女の子が廊下に集まってくるのです。

高校野球部時代

「キャー！　見てみて、小鴨よ！」

そうです、兄貴のファンの女の子たちです。スーパースターの兄貴は卒業したけれども、その兄貴を追って入学してきた期待の弟を見にくるのです。

人でごった返す廊下の様子を横目に見ながら、僕はずっと思っていました。

「関係ねえじゃん。兄貴が凄いから弟が凄いって、どんな法則なんだ？」

でも、口に出しては決して言えませんでした。それを主張したとしても格好悪いだけだし、誰も受け入れてくれないと分かっていたからです。

僕は兄貴と違って野球が下手でした。才能もなかったから、ただひたすら練習に打ち込みました。朝は誰よりも早くグラウンドに来て走り込みをして、夜はボールが見えなくなるまで居残り練習。全体練習の時には誰よりも大きな声を張り上げて、レギュラーをとるために必死になって練習をしました。

でも……僕は結局3年間、一度もレギュラーをとれませんでした。

大きな期待を背負いながらも、全くもって期待外れの出来損ないの弟。

「期待に応えられない俺って、一体なんなんだろう……」

最後の大会が終わり、野球から離れて空っぽになった僕は、音楽にのめり込みました。バンドを組んで音楽活動を始めたのですが、直後にお袋に言われました。

「音楽をやるってことは、あんたは心が弱いってことなんよ」

過去に失踪した経緯のあるバンドマンの弟を持つお袋のこの言葉に、僕は激昂しました。

「そんなことはない！　俺は身体こそ弱かったけど、心は強いんだ！」

お袋の言葉は図星でした。僕はただただ、逃げ場が欲しかった……

自分でバンドメンバーを集めて、自分がボーカルをやれば、僕がセンターに立てるのです。野球と違って、音楽にはレギュラーがありません。補欠が存在しないのです。

ずっと立ちたかった場所、みんなの注目を集めるセンターのポジションを獲得したバンド活動はとにかく楽しかった。

僕はコール＆レスポンスで観客を煽るのが物凄く得意で、歌よりもＭＣとパフォーマンスで盛り上げていました。野球部上がりの坊主頭が叫ぶから、パンクバンドと言われてちょっとした有名人にもなりました。松山放送にも呼ばれてラジオで歌ったこともあり、当時はミュージシャンとして食っていこうかと本気で思っていました。

高校3年の夏の大会が終わった後といえば、普通だったら大学受験の時です。でも僕は全く勉強せずに、音楽にひた走りました。

今治西高は県内有数の進学校、周りはみんな必死に勉強しています。僕は同じ中学に通っていた、町中の不良グループとバンドを組んでいました。だから、今治西高ではむちゃくちゃ浮いた存在でした。

大きな期待をかけられながらも、全く結果を出せなかった野球部でも浮いていた僕は、

「あいつは野球部でも大成せずに、結局グレた」と陰口を叩かれるようになりました。

野球部にも馴染めない、学校にも友達がいなかったぼくは、口数の少ない暗い高校3年間を送りました。

兄には強い光が当たり、僕はその影のような存在……

二度目の「コンプレックス・エイジ」でした。

マクドナルドと出会う

高校時代は野球に明け暮れ、その後音楽にのめり込んで全く勉強していなかった僕は、受験した大学は当然の如く全て不合格。

「大学に行かずに働く」と宣言するも、親父は頑として首を縦には振りませんでした。

親父には家が貧しくて、進学したくてもできなかった過去があります。中卒で死に物狂いで努力して、その後の地位を得た親父は、大学進学ができる環境を放り出す僕の気持ちが全く理解できなかったのでしょう。

親父の気持ちを痛いほど理解している兄貴に説得されました。

「お前、ちょっとは親父の気持ちを考えろよ。親父は勉強したくてもできなかった。でもお前は勉強できる環境があるんだから、親父の言うことは聞いとけよ」

僕は渋々浪人することを決めました。立教大学に通い、東京に住んでいた兄貴の家に転がり込むことになりました。

親父は北海道から沖縄まで頻繁に転勤を繰り返していました。小さい時には親父について家族揃って転勤していましたが、僕が中学に入学し、兄貴が今治西高の野球部に入った時からは、親父が単身赴任をするようになっていました。

浪人の身ではありますが、高校を卒業した僕は大学生の兄貴の元へ、お袋は親父の元で生活することになりました。

練馬区大泉学園にある兄貴のアパートに引っ越した僕は、翌日から池袋にある英進予備校に通い始めました。

でも3日も続きませんでした。

元々大学に行きたくて勉強しているわけではありません。家族の説得により、渋々東京に出てきて予備校に通い始めました。そんな中、夜になっても街の明かりが消えず、煌々《こうこう》と輝く光景に興奮を覚えました。

今治西高校の野球部は、物凄く厳しい環境でした。練習がキツイことはもちろん、学校の女の子と口を聞いてはいけないというルールがありました。女の子に興味津々な年頃の高校生にはあまりにも辛すぎる環境。その反動が起きます。

浪人中にも関わらず、女子大生とのコンパに明け暮れます。お金が必要になって、スーパーマーケットでのアルバイトを始めました。女の子をナンパして、明け方になって家に帰ってバイトの時間まで仮眠をとる。

結局1年間遊び呆けて、でもなんとかあまりレベルの高くない大学に合格して大学生になりました。

大学に入学したものの、何か目的があって大学に入ったわけではないので、ずっと麻雀ばかりやっていました。

「おっ、鴨がきたぞ。今日も打つか」

悪友たちと麻雀に明け暮れ、結果カモられて（笑）、お金がどんどんなくなっていきました。バイトで稼がなきゃと思っていたところに、友人から声をかけられます。

「今日マクドナルドの面接に行くから、鴨も付き合ってくれない？」

僕が中学高校と青春時代を過ごした愛媛県今治市には、マクドナルドはおろか、ファストフード店は一軒もありませんでした。僕が初めてファストフード店を知ったのは、池袋のサンシャイン通りにあるロッテリア。若い女の子がサンバイザーを被ってやたらと笑顔を振りまき、あろうことか男子までもが同じような赤いユニフォームを着てニコニコしている。

「マクドナルドとかってさ、なんかチャラチャラした男がいるところだろ？　俺行かねえよ」

そう言って粋《いき》がる僕に、

「バイトするならマックだよ！　そんなこと言わずに一緒に面接にいこうぜ」

と勢いに押され、ついていくことになってしまいました。

「まあ、とりあえず、面接に付き合うだけだから……」

軽い気持ちで、所沢駅前のプロペ通りの入り口にあるマクドナルド所沢店に入っていきました。事務所に案内され、タチバナさんというきりっとした若くて綺麗な女性社員の方に面接をしてもらいました。そして、

「じゃあ早速、明日の午後3時からね！　がんばってね！」

と勢い良く肩をたたかれて、バリバリ体育会系野球部育ちの僕は条件反射的に「はいっ！」と答えてしまいました。

そしてここから、僕の新しい人生がスタートしました。

僕に「働く意味」を教えてくれて、僕が人生で大切なことを全て教わったマクドナルドとの出会いがあったからです。

3章

挫折を乗り越えるために選択したこと

言葉に出したら人生は拓ける

強烈な虐《いじ》めを受けていた沖縄時代。「体が弱い自分はダメだ……友達を作れない自分はダメだ……」と自分を責め続けていた一方で、ずっと感じていた違和感がありました。

「本当はこんなはずじゃないのに、何かがおかしい！」

本当の自分は、布団ワークで妄想している〝弱い人たちを助けるカッコいい自分〟

のはずなのに、現実世界では徹底的に虐められている。

うまくいかないのは何故なのだろう。


「身体が弱い俺って、やっぱり駄目だ」

「野球が下手な俺は、やっぱり兄貴と比べて駄目なんだ」

「友達もつくれない俺は駄目なやつだ」

と思っている自分。


でも、自分の中に、もう一人の自分がいたのです。


「本当はこんなもんじゃない」

「本当は俺すごいのに、それが認められない現実世界は何かがおかしい！」


本当に自分のことを駄目だと思っていたら、受け入れられたかもしれません。

でも、心の底では「違う」って、思っていたのです。

「俺は人のことを思いやる気持ちもあるし、正義感もある。

なんで俺はそれを発揮できないんだ……周りに認めてもらえないんだ……」

布団の中の自分が本当の自分のはず。

弱い人を守るスーパーヒーロー。

でも、現実は酷い虐めを受けていて、弱い人を守るどころか、自分が一番弱くて惨めな存在。

本当は守れるはずなのに……本当は強い自分のはずなのに……

当時の僕にはわかりませんでした。でも、後から思い返してみると、沖縄時代に感じていたモヤモヤが晴れたのは、守谷先生の言葉があったからでした。

「勇気を出して言ってくれてありがとう」

守谷先生との出会いで僕の人生は大きく変わりました。その当時は、「僕って凄いんだ！　勇気があるんだ！」と気づき、クラスの中心人物になっていました。でもこの言葉には、もっと深い意味があったんです。

「勇気を出して、言ってごらん」

布団の中でヒーローになっている姿を想像していても、現実は何も変わりませんでした。思っていることを言葉にしなければ、何も変わりません。妄想の中の世界と現実世界に乖離があるのは当たり前です。

「思っていることを口に出して言わなかったから、うまくいかなかったんだ」
沖縄時代に感じていた違和感の正体はこれだったのです。
思っていることを言わないから、うまくいかなかった。

友達がほしいと思っているのに、「友達になって」と僕は言っていませんでした。布団の中でたくさんの友達に囲まれている妄想をしているだけで、「友達になって」と、口に出して言っていませんでした。

僕はいつからか、「自分の思っていることは口にしてはいけないんだ」と、思い込んでいました。虐められた経験から、自分の感情に蓋をするようになっていました。

でも、守谷先生に出会ったから。
「勇気を出して言ってくれてありがとう」と言ってもらえたから。

「勇気を出して、言ってごらん」と、背中を押してもらえたから。

小学校3年生の時、騒ぎがおさまらない教室の中で、人生で初めて手を挙げたあの時から、たくさんのクラスメイトの前で、初めて発言したあの瞬間から、僕の人生は変わりました。

「勇気を出して言葉にしたら、人生は切り拓かれる」

そのことに気がついたからです。

「みんなが心の中で思っているけど、口に出して言えないことを代弁すればヒーローになれる！」

このことがわかってから、僕の行動は180度変わりました。小学校5年生の時には、福岡県の弁論大会で優勝してしまうくらい、人前で堂々と話すようになりました。

見違えるように積極的に発言をするようになり、「勇気を出して発言すれば、みんなに認められる」という体験を積み重ねていきました。

何か発言を求められたとき、どんな時でも一番に「はい!」って必ず手を挙げるようになりました。

「何か質問はありますか?」と言われたら、質問が思い浮かんでいなくても手を挙げるようになりました。

みんなが思っていることを代弁すればヒーローになれるんだってわかっていたからです。

そしてそれはマクドナルドで働き始めてからもずっと続きます。

例えば、マクドナルドの本社に初めて行った時に、当時の社長 原田泳幸さんが社員に向かって喋っている最中に、「ＫＰＩが非常に重要で……」という言葉が耳に残りました。

（ＫＰＩって何だ？　聞いたことがないな。聞き間違いかな）

するとしばらくしてから、気になっていたワードが社長の口から飛び出します。

「ＫＰＩをちゃんと積み重ねていくことが……」

本日２度目のＫＰＩを耳にして、僕は思わず手を挙げました。

「すみません！　ＫＰＩって何ですか？」

会場２００人の冷たい視線を一斉に感じました。後から知ったのですが、

22歳ごろ マック入社１年目

後にも先にも社長のプレゼンを遮った社員は、僕しかいないそうです。

原田さんは怒りの表情を浮かべながら、営業本部長に向かってこう言いました。「うちの社員は、ＫＰＩの意味も分かっていないのか？」

僕ではなく、営業部長を叱責しました。すると、営業部長は即座に答えました。

「申し訳ありません、私共のトレーニング不足でございます。ＫＰＩというのは、Key Performance Indicator の略語。最終的なゴールを達成するために、途中段階に設定した小目標のことを指します」

手短にわかりやすく説明をしてくれました。

「わかりました！　ありがとうございます！」

モヤモヤが晴れて満足した僕は、その場で元気よくお礼を述べましたが、会場にいる社員たちは、より一層冷ややかな視線を送ってきました。

（あいつ、やっちまったな。社長のプレゼンに水をさして、営業本部長に恥までか

かせて……あいつのマクドナルド人生は終わったな）

そんな心の声が漏れて聞こえるようでした。でも、その日の夜に部署の同僚と飲みに行った時に言われました。

「鴨、ありがとう。俺もＫＰＩの意味、わからなかった。でもお前、本当に勇気あるよな」

周りがどう思うかは関係ありません。僕はもう知ってしまっているからです。勇気を出して言葉にすることで、人生は切り拓けるということを。

独立してからも変わりません。僕は大好きだったマクドナルドを卒業した後、サービス業で働く人から世界中の人を幸せにすることを目的として、「ハッピーマイレージ活動」を始めました。

例えば、コンビニエンスストアに行ったとき、そこのスタッフさんが、「いらっしゃいませ！」ってすごく素敵な笑顔で接客してくれたとしましょう。その時に、「ああ素敵だなぁ」と自分の心が動いたら、それを自分の心の中で留めずに、言葉に出して、カードを使って伝えようという活動です。

「素敵な笑顔ですね！　私、サービス業で働いている人に『ありがとう』ってカードで伝える活動をしているんです。よかったらこれ、受け取ってください」

その言葉を聞いたスタッフさんはどんなことを感じるでしょうか。

「はっ？？　何言ってるんだ。このおっさん」

最初はそう思うかもしれません。でもそれは、

「自分は笑顔で接客ができている」「自分の仕事には価値がある」

そんな風に考えたことがなかったからではないでしょうか。でも、言葉にしてカードを受け取ったその時に、自分の仕事の価値に気づくことができるのです。

普段から笑顔で接客をしていて、「自分の仕事には価値がある！」と誇りを持って働いているスタッフは、「働いていてよかった！」と思います。

自分が意識して、お客様のためにと思って、普段から意識して行動していることを、お客様に認めてもらったからです。もちろん同僚に褒められたり、上司に認められたら嬉しいと思います。でも、お客様から承認してもらうことこそが、サービス業の本質です。

もしも、日本中の全てのお客様がサービスを受けた時に、「ありがとう。いつも頑張っていますね」と声をかけるのが当たり前になったら。

わざわざ、厨房まで行って、「美味しかったです、ありがとう」と感謝の気持ちを伝えることが当たり前になったら。

ハッピーマイレージカードを受け取ったスタッフさんは、次のお客様がいらっしゃった時には、とびきりの笑顔で最高の接客をするようになります。

全ての人がより良い世界を作り出す可能性を持っている！
自分の行動一つで世界をよりよく変えられる！

僕は明るい未来を夢見て、行動し続けていきました。このハッピーマイレージの活動は、全国にどんどん広がっています。ハッピーマイレージのカードは、全国で約110万枚配られています。

「勇気を出して言葉にしたら、人生は切り拓ける」

大勢の前で発言する時もそう。
何か思い切ったチャレンジをする時もそう。
ビジネスパートナーとして協力を求める時もそう。

僕はどんな時でも、どんな場所でも、勇気を出して言葉にして、人生を切り拓き続けています。

そしてその出発点は、小学生の時、大好きな守谷先生のために思っていたことを、勇気を出して言葉にした最初の経験でした。

思えばその時、人生で一番大切な「選択」をしたのだと思います。

ネガティブだったから強くなれた

勇気を持って言葉にすることを続けている僕ですが、恐れを全く感じていないかというとそうではありません。

むしろ、その逆です。常に恐れを持っています。特に、講演家として活動している僕はいつも、「思いは伝わらない」と恐れを抱きながら一生懸命、自分の思いを多くの人に届けています。

矛盾しているように聞こえるかもしれません。思いを届けることが仕事である講演家が、「思いは伝わらない」と思って話すことは、自信のなさに繋がるのでは？と疑問が生じた方もいらっしゃるでしょう。

でも、スピーチ・コミュニケーションを教える時に、僕はよくこう言います。

「思いは伝わらないことを前提に、コミュニケーションを取らなければなりません」

コミュニケーションがうまくいかない人の多くは、「思いは伝わる」と思い込んでいます。

例えば、会社の経営者が従業員に向かって「お前らもっとちゃんとやれよ！」と言ったとしましょう。トップからの指示なのだから、「ちゃんとやれ」と釘を刺したのだから、従業員はその後、動き方を変えるかというと、実は変わりません。

言われた直後は変わるかもしれません。でも、時が経つにつれてだんだんと元の状態に戻っていきます。

すると、その姿を見た経営者は声を荒らげて言うでしょう。

「ちゃんとやれって言っただろ！」

僕は全国各地の企業様から研修講師の依頼をいただき、このような光景をたくさん見てきました。その度に伝え続けています。

「違う。前提が間違っている。思いは伝わらないものです。だから、何度も繰り返し伝え続けてください」


多くの方が、「ちゃんとやれ」と伝えれば、ちゃんとやると思い込んでいます。ちゃんとやらなかったら、それは相手の責任だと思っているからです。

もちろん、「ちゃんと」とは具体的には何をするべきか明確にするなど、他にもやるべきことはたくさんあります。でも、前提を間違えていては元も子もありません。

「思いは伝わらない」と思うからこそ、努力してコミュニケーションを取ろうと思うことができます。

「思いは伝わる」という前提に立ってしまうと、コミュニケーションをサボってしまいます。相手がどう思っているのか、自分の言葉をどう受け取ったのかを考えることは、とても労力がかかります。

だから僕は、「ネガティブは強さ」だと思っています。

心根がネガティブであれば、相手のことを考えざるを得ません。コミュニケーションをサボったり、横柄な態度を取って相手を怒らせることはありません。相手のことを考えることを負担だとも思わないのです。

ネガティブだからこそ、相手への気配りができるようになり、相手が言葉に出さないことを感じ取る力が強くなります。

ネガティブだからこそ、丁寧に言葉を使うことができて、丁寧な例え話をする力がつきます。

ネガティブだからこそ、人が落ち込んでいることにいち早く気づいて、手を差し伸べることができます。

僕は、心根がネガティブであれば、ポジティブな現実を引き寄せられるとも思っています。

前提がポジティブだと、逆にネガティブな現実が来るとも思っています。僕が強いのは、ネガティブだからです。そして、常に周囲に恐れを持っていた僕には、ある特技がありました。それは、

「自分より強い人を見つけると、一番近くにすり寄っていって可愛がってもらう力」

本当は怖いです。でも、怖いからこそ、そして勇気があれば乗り越えられるものでした。

強い人間の側にいたいというのは、虐《いじ》められていた経験があるから。強い人間の側にいれば、虐《いじ》められることはありません。

守谷先生との出会いによって人生が180度好転した僕は、戦略を立てた上で学校いち喧嘩が強い子と喧嘩をするようになりました。

ベルトを握って懐に入り、身体を硬くして相手が疲れたところを狙う。喧嘩が終わると、「お前、結構根性あるな」と言って、そのあとは僕のことを守ってくれるようになります。

だから、一番強い人の近くに行って可愛がられるように、勇気を持って行動し続けました。

マクドナルド時代に僕を育ててくれた藤本孝博さん（通称：ボス）は、マクドナルドの誰もが恐れる存在でした。

当時、日本一治安の悪い地区として知られていた大阪西成の出身で、むちゃくちゃ声はでかいし、店長会議で気に入らないことがあると靴を投げるような人。社員の間では、いつ怒り出すか分からない危険人物として認識されていました。

けれども、表裏なく本当のことしか言わないボスに、経営陣は全幅の信頼を置いていました。

特に当時の社長 原田さんは、経営幹部との打ち合わせに、通常であれば参加を認められない営業部長のボスを参加させていました。歯に物着せぬ物言いながらも、現場のことは嘘を言わないボスの意見を聞きたいとの理由でした。

ボスは怖いだけでなく、見た目もかなり強烈でした。スーツにネクタイ、清潔感のある短髪がマクドナルド社員の規則なのに、ボスだけは髪の毛がシルバーで、スカジャンにブラックデニムで出社していました。それくらい破天荒な人でした。

みんなボスを恐れて距離を取っていた中、僕は一番近くにいつもいて、毎日ボスに質問しまくっていました。するとボスはそんな僕を煙たがることなく、可愛がってくれました。

僕はボスに出会って知りました。
「一番強い人、一番怖い人は、実は一番優しい人」だということを。

それから僕は、自分よりも強い人の側にいるようにしました。
堀江貴文さんにチップの相談を持ちかけたのもそう。
西野亮廣さんと、毎日ようにLINEのやりとりをするようになったのもそう。
自分よりも能力の高い人を見つけた時、怖いけど行くって決めています。
恐れを感じた時こそ、チャンスだって思うようにしています。

すると毎回思います。やっぱり、強い人は優しい人。
一見怖そうに見える人は、実は一番優しい人です。

それは自分がネガティブな人間だから分かったことでした。

布団の中のスーパーヒーロー

僕が酷い虐めにあっていた沖縄時代に感じていた違和感は、思っていることを言葉にしなかったから起こったものでした。

勇気を持って言葉にすれば、人生が切り拓けることがわかりました。そして、ネガティブは悪いことではない。ネガティブは強さだと思うことで、勇気が湧き起こってくることもわかりました。

振り返ってみて気づいたことがあります。沖縄時代にずっと繰り返していた「布団ワーク」

あの布団の中で思い描いていたスーパーヒーローは、まさに今の鴨頭嘉人です。

「鴨さんと一緒にいれば大丈夫だ」

そう言われる人間になりたかった。

僕の中でのスーパーヒーローの定義は、「弱い人を守れる人」なんです。

独立してから始めたハッピーマイレージという活動は、自分の仕事の価値を見失っているサービス業で働く人たちを輝かせるための仕事です。

サービス業で働く人たちは、世の中では弱い人と見られてしまうことがあります。

アメリカでは、低地位・低賃金・単調・重労働の職種を賎《いや》しめて「マックジョブ」という言葉があるくらい。特にファーストフード店での仕事は、独創性が無く、機械的な動作を繰り返すだけと揶揄《やゆ》されています。

でも僕は、自分の土台となり、働き方の原点とも言えるマクドナルドの仕事を誇りに思っています。

これだけ素晴らしい仕事はないと思っているのに、認められるどころか価値のない仕事だと批判めいたことを言われてしまう現実に納得がいきませんでした。

だから、サービス業で働く人の価値を世の中全ての人が認知できる社会を創るためにハッピーマイレージ活動を始めました。

講演家とは、心が弱くなっている人に勇気を与えるメッセージを届ける仕事です。講演で僕が話す内容は、僕の成功体験から来る自慢話ではありません。

度重なる失敗から学んだこと。その時救いの手を差し出してくれた方々の温かさ。挫折を乗り越えた先に見えてきたものをお伝えします。挫けそうになっている方々に、「かつての僕もそうだった。でも大丈夫、きっとうまくいく」

と、勇気を持って一歩踏み出すサポートをする役割を担っています。

僕は今、鴨Ｂ・ｉｚというビジネスを学ぶためのオンラインサロンを運営しています。

そこでこんなことを言っていただけるようになりました。

「新しく会社を立ち上げます。社名を鴨さんにつけてもらえれば絶対に上手くいくので、名前を決めてもらえませんか」

「新しくビジネスを立ち上げることを決断できました。

どういうお客様に売って、どんな価格付けとするかは、勉強してなんとか組み立てることができました。

あと一つ、足りないのは勇気だけなんです。

鴨さん、『お前なら大丈夫！』と私に言ってもらえませんか」

みんな、最後は僕の言葉があれば大丈夫だって思ってくれているのです。

誰か困っている人がいたら、声をかけてあげられる。

落ち込んでいる人がいたら、勇気づけてあげられる。

布団の中の僕は、まさに僕の原点です。

実は幼少期の頃に、僕の中での理想像は出来上がっていたのです。

度重なる失敗と挫折を経験して、たくさんの人の助けがあって乗り越えていきました。

歳を重ね、経験を積み重ねるにつれて、僕は小さい時の自分に戻って行っていることに気がつきました。

4章
「自分とは何者か」を知るために何をすべきか？

初めて店長になって大失敗！

多くのチャレンジの結果、成果を出し続けたマクドナルド時代でしたが、全てが上手くいったわけではありません。やはりここでも、大きな挫折を味わいました。そしてその挫折から学んだことが、僕の人生の糧となりました。

マクドナルドに入社してから、新しいアイデアを生み出し続けて鰻登りに会社の評価が上がっていきました。

入社してから5年、店長になるまでは向かう所敵なしの状態。正直、天狗になっていたのでしょう。初めて店長として赴任した店舗で、大失敗を犯します。

僕が着任したお店は、宮城県仙台市でも一番の繁華街にあり、店舗前通行量も東北一の好立地にある仙台一番町店というお店。そこは、とにかくモラルが低いお店でした。

売り物のハンバーガーを隠れて食べているスタッフはたくさんいるし、レジからお金を盗むスタッフもいる。身だしなみの規定も破り放題で、茶髪に金髪、ピアスをしているスタッフもいました。休憩室の床にはゴミが散乱し、椅子や壁はカッターナイフの切り痕だらけという荒れたお店でした。

こんな状況にも関わらず、僕の前任者は高く評価されていました。利益をしっかりと出していたからです。要はコストをかけずに、利益だけは出していたので、表向きにはバックヤードのこの悲惨な状況が伝わってはいなかったのです。

僕はこの光景を見て、正義感が燃えたぎりました。そして赴任初日に、スタッフに向けて言い切りました。

「お前らみんな間違っている。俺の言ったとおりにやれ！」

出勤時にちゃんと挨拶をしないスタッフは、「挨拶もできないんだったら、カウンターに立つ資格はない！」と言って店舗に入れずにその場で追い返しました。ハンバーガーをこっそり食べているスタッフを見つけると、「お前はクビだ！二度と来るな！」と言って本当にスタッフを解雇したりもしました。

僕は決して間違ったことはしていません。でも、相手の言い分には聞く耳を持たず、自分の正しさを全部押し付けているだけだったのです。

僕はだんだんとお店の中で孤立していきました。社員に指示をしても、「はい」とは言うけれども、目も合わせてくれない。アルバイトスタッフには無視をされるようになり、僕のいないところで僕の悪口を言う飲み会が開かれていたそうです。誰も口を聞いてくれない。誰も指示を守らない。

後から聞いた話なのですが、僕は出勤日にも関わらず、お店を休んで社宅に引き篭もっていたことがしばしばあったそうです。

マクドナルドの看板を見て、足が震えるようになってしまったこと覚えています。でも、お店に行けなくなってしまっていたことは覚えていません。都合が悪いことは記憶から抜け落ちてしまうくらい、追い詰められていたのです。

お店の状態は悪くなる一方、孤独を感じて精神状態も最悪。見かねた上司から転勤を言い渡されました。

「鴨頭、お前もう限界だ。2週間後に青森に引っ越せ」

次の店舗で失敗したら、僕はマクドナルドをきっと辞めることになる……マクドナルドで働けなくなったら、僕はきっと二度と立ち直れなくなる。次は絶対に、絶対に失敗はできない。

僕の次の赴任先は、新店オープンを控える弘前の店舗でした。当時のマクドナルドは、1年間で約400店舗が新規オープンするくらいに業績が好調な時期でした。ただ、1日に1店舗ずつ店が増えていく状態が続いていくと、アルバイトスタッフの数が足りないままオープンを迎える店も出てきます。売上はあがるものの、店の中はボロボロになっていく店も数多くあったこともあり、早めに現地に行って準備を進める必要がありました。

アルバイトスタッフの面接や、内装工事をしている業者さんとのやりとりなど、開店の準備までに約3ヶ月の時間がありました。

当時、青森県にはマクドナルドの直営店がなかったので、上司も1人もいない状態でした。だからじっくりと考える時間がありました。毎日、思いを巡らせていました。

「仙台では何がダメだったんだろう？」

でも、答えは一向に見つかりませんでした。仙台の店では大失敗を犯したわけですが、本当は全く納得できていませんでした。

どう考えてもハンバーガーを盗み食いをして、レジのお金を抜き取るスタッフが悪い。

荒れ果てたお店が評価されていること自体がおかしい、前の店長が評価されていたことが理解できない。

どれだけ考えても、僕だけが悪者扱いされたとしか思えません。どう考えても、ダメだったのは自分の周りだったとしか思えないのです。

けれども、青森県に行くと周りに誰も知っている人がいません。上司もいない、部下もいない。職場以外の友人もいない。

周りに誰もいなくなると、自分のことばかりを考えるようになりました。すると、考える方向性が変わってきます。

「俺って、なにがダメだったんだろう?」

失敗の原因を、自分の中に探し始めたのです。格好良く言えば、内観するようになりました。すると、だんだんとわかってきたことがありました。

「俺は、誰のことも信じていなかった……」

僕は不正を働くスタッフを見て、ダメな奴等だと思っていました。正しさを伝え続けても一向に素行が改善しないスタッフを見て、ダメな奴等だと思っていました。ダメを前提にコミュニケーションを取っていたから、信頼関係が結べなかったのです。

だから僕は失敗したのだと、気づくことができました。

スタッフのことを信じることができなかったのが大きな問題だった。次の店では、とにかくみんなのことを信じてみようと決意しました。「君ならできるよ」とスタッフに言えるようにならなければ、次の店でも同じ失敗を繰り返してしまうと思ったのです。

青森に引っ越してからしばらく経ち、アルバイトの採用面接を始めました。応募してくれた方全員を僕が面接し、採用を決めた方々といかに信頼関係を築くことができるかをひたすら考え続けていました。

実は新店オープンの準備で最も苦労したのは、津軽弁でした。内装工事をしている職人さんと話をする必要があったのですが、方言が強すぎて僕には何を言っているのか全く理解ができませんでした。

新店オープンを控えた102弘前店の最初の面接採用者は、佐野さんという僕よりも10歳ほど年上の主婦の方でした。佐野さんは弘前の方だったので、通訳をお願いすることにしました。工事中のお店の近くに仮事務所があったので、そこに毎日来ていただくことになりました。

佐野さんは、新しい店舗の初めてのスタッフであると同時に、僕にとっての初めての話し相手でした。

新店オープンにかける思いや、マクドナルドに対する思いを、僕は毎日語っていました。佐野さんは飽きることなく僕の話を聴いてくれました。そして、

「鴨頭店長は、本当にマクドナルドを愛していらっしゃるんですね」

「鴨頭店長は、本当にいいお店つくりたいんですね」

「鴨頭店長は、本当に正直な方ですね」

と、いつも承認の言葉をかけてくれました。

仙台のお店で大失敗をして、青森に来て独りぼっちだった僕にとって、佐野さんの言葉は大きな自信になりました。

「俺は大丈夫だ。ここならやっていける」

そして、僕が思い描いた通りの最高のお店を作ることができました。

ここで働けば、誰でも輝ける。

ここで働けば、誰でも成長できる。

今思い出しても、102弘前店は奇跡のようなお店でした。

今振り返ってみると、この現実を作り出していたのは「店長である僕の考え方」だったのです。

仙台のお店は、成長することのないダメなスタッフではなかったはずです。おそらく、仙台のお店のスタッフも弘前のお店のスタッフも、本当は同じだったのです。

僕がスタッフのことを悪く思い、お店の状態が悪くなる原因を全てスタッフのせいにしていたから、正しいことを言っても全く伝わらなかったのです。

「お前らは間違っている。駄目な奴らだ。お店が悪くなるのは、お前らが悪いからだ」

そして、スタッフにはバレていたと思うのですが、僕はその当時、結果を出すことしか考えていませんでした。自分が評価されることが全てでした。スタッフを駒のように扱い、信頼関係を築いていないのにスタッフを動かそうとしていたのです。

でも弘前のお店では180度違いました。

「みんな素晴らしいよ、絶対成長できるよ」

アルバイト経験すらないスタッフばかりでした。わからないことだらけ、できないことだらけ、不安でいっぱいのはずだったのに、僕は信じていました。

「大丈夫、絶対いい店になるから。日本一のお店を一緒に作ろう！」

スタッフのことを信じて語り続けていたら、スタッフは見違えるくらいに成長していきました。本当に日本一の店舗になりました。

僕はこの経験を通じて、人生における大切な学びを得ることができました。

「挫折を味わった時、初めて人は成長することができる」

ここで大切なことは、反省をすることです。

どうやったらいい店が作れるのか、今までの自分は何が悪かったのか。
反省して行動を改めることで次に進むことができます。

「自分は正しくて、相手が悪いんだ」

僕はずっとそう思っていました。反省していなかったのです。でも、青森県に引っ越して、周りに誰もいなくて自分のことを考えざるを得ない環境になったとき、初めて反省することができました。そして、自分の過ちに気づきました。

挫折の後、失敗の後に反省する人と反省しない人では後の結果が大きく変わります。大袈裟にいえば、「反省力」があるかないかで、その人が成功するかどうかが決まるのだと思います。

〝本物〟になるまで演じ切れ！

僕の人生を振り返ってみたとき、一つの大切なことに気づくことができました。それは、人生の転機のタイミングには、必ず〝たった一人の承認者〟がいるということです。

小学校の時は守谷先生。どん底にいた僕を認めてくれた先生の存在によって、僕の人生は大きく変わりました。

中学・高校の時は、僕の認識では僕を承認してくれた人がいないのです。だからきっと、暗い青春時代を過ごしていたのだと思います。

マクドナルドの時は佐野さん。店長としての1店舗目、仙台のお店をボロボロにしてしまった僕の自信を取り戻してくれた佐野さんの存在のおかげで、僕の快進撃が始まりました。


「人が人を呼ぶ」という言葉が昔からありますが、まさにその通り。

節目節目で大切な人が現れます。


でも僕は思います。その大切な人の存在に気づいたタイミングでしか、人生は変わらない。

人生を変える出会いが実は目の前にあっても、その人の存在に自分で気がつくことができなかった時には、人生の転機にはなり得ません。

もしかしたら、青春時代にいたのかもしれません。仙台のお店にもいたかもしれないのです。でも僕は、その出会いには気づけませんでした。

そして、人生を変える転機は人との出会いだけではありません。言葉もそうです。

親父がいつも僕に言ってくれていた言葉があります。

今でも自分の勝負所ではその言葉が脳裏に浮かびます。

「嘉人、お前はやったらできるんじゃが」

僕は、思いきって行動したこと全てがうまくいっています。今の僕の人生がこんなに思い通りになっているのは、親父の言葉通りにやったらできると思っているからです。

親父の言葉が、勇気を奮い立たせる言葉になっているのです。

講演家として独立して初めてお金をいただいて講演をすることになった時、「俺はやったらできるんだ」と自分に言い聞かせ、大成功を収めることができました。パシフィコ横浜5000人のホールを貸し切ってイベントをやるとかも「俺はやったらできるんだ」と自分を奮い立たせたからこそ、その時の僕の実力以上の成果を出すことができています。

YouTubeだってそうです。「俺はやったらできるんだ」と思っているから、チャレンジできたことです。

僕がいつも、自分の現時点での能力以上のことに思い切ってチャレンジできるのは、子どもの時に親父から言葉のプレゼントをもらっていたからです。

でも、子どもの時の僕は、怒られているような気分になっていました。

「お前はやったらできるんじゃが」つまり「まだやっていないんだよ、お前は」と受け取っていたのです。

お袋からは事あるごとに、「あんたは口から先に生まれてきたのよ」って言われていました。

子どもの時の僕は、「口ばっかり達者で弱い人間だ」と言われていると思い込んでいました。

でも、「喋ること」は僕の大きな才能でした。

きっと今までもたくさんあったと思います。自分のことを承認してくれて、自分の才能に気づかせてくれるサインが、きっとあったのです。人はそれになかなか気づくことはできません。

でも、いいと思います。全てのサインを見逃さずにキャッチする必要はないと思います。

サインに気づき、サインを受け取った瞬間に人生が変わります。そのタイミングで、自分に刷り込みを行うかのように繰り返し行動すればいいのです。

今の僕の人生がこんなに思い通りになっているのは、刷り込みの回数が人より多いからだと思っています。

僕がマクドナルドでアルバイトをしていた時の話です。埼玉県所沢市にある商店街の入り口のお店の前で、マックシェイクのキャンペーンで呼び込みをしていました。

「いらっしゃいませ！　マックシェイクのキャンペーンが始まりました！　冷たいマックシェイクいかがでしょうか？」

夏の暑い時期に大声を張り上げて呼び込みを続けました。野球部上がりの僕の得意分野です。

すると、店の前でじっと僕のことを見ていた統括スーパーバイザーが、僕に声をかけてくれました。

「声の大きいやつに悪いやつはいない」

僕は野球部時代に褒められたのは、声の大きさだけでした。でも、声を褒められてもレギュラーにはなれません。バッティングを褒められたことないし、守備を褒められたことない。声だけ大きくても意味はないって、ずっと思い続けていました。声が大きいということで、僕自身が認めてもらえたことは初めてでした。

「声が大きいやつに悪いやつはいない」と言われたから、とにかく大きい声を出そう。大きい声を出せれば、僕は良い人になれるのだと思ったからです。

この出来事によって自信がついて、そこからより積極的に行動するようになりました。そして、積極性が自分の強みだと思えるようになっていきました。

マクドナルドの社員になると、ハンバーガー大学という研修所で社内研修が行われます。

「この問題分かる人？」

「はい！」

「このワークやってみたい人？」

「はい！」

僕は誰よりも早く手を挙げ続けました。これを続けていると、先生が「じゃあこのワークやってみたい人？　鴨頭君以外で」と言うようになるくらい、僕は手を挙げ続けました。

自分より積極的な人間なんかいないと思い込むくらい、積極性は僕の強みだと完全に自分自身に刷り込まれていました。

最初のきっかけは他人が与えてくれます。そのあとは、自分に刷り込みを繰り返すのです。

「俺はいい人間なんだ。俺は積極的な人間なんだ。俺は勇気があるんだ」

そう自分に言い聞かせ、何度も繰り返し行動をするのです。

最初は偽物だったとしても、繰り返していくうちにそれは本物に変わっていきます。

僕はよくこう言われることがあります。

「鴨頭さんって、本当は弱いのに強がってますよね。強い自分を演じていますよね」

僕はその時、堂々とこう答えます。

「よく気がつきましたね、その通りです。僕は弱い人の心の拠り所になる、鴨頭嘉人というスーパーヒーローを演じています」

最初は偽物です。でも、演じ続けていると、ちゃんとそれが本物になるのです。

それは独立してから10年が経った今になってようやく分かりました。

でも、理想の自分を演じきれば良いということに気づく前は、迷ってしまったり心が折れそうになることもありました。

「もっと強い自分でいたいけど、やっぱり本当は弱いんだな」

「積極的に行動し続けてはいるけど、本来の自分からはかけ離れている気がする」

強がっていても、どうしても弱い自分に戻ってしまうのです。自分を鼓舞して、どうにか持ち上げようとしても、元に戻ってしまいます。

でも、今になってわかりました。開き直るしかないのです。

「演じきったら偽物が本物になるんだから、ただ演じ切ればいいんだ」

理想の自分を演じきることを常に意識し続けるのです。

演じきっていると、偽物は本物に変わります。

小さい時にコンプレックスに苛《さいな》まれていた弱い自分。

その反対に積極的で勇気のある理想的な自分。

ある時、「二人の自分」がいることに気づきました。

それからは、理想の自分を懸命に演じることにしたのです。
そして、理想の自分を演じきっていると、自分のやるべきことが見えてきます。
そして、自分の生きていくべきフィールドが見えてくるようになるのです。

「喋ること」が強みだと気づく

僕は圧倒的な成果を出すのに上司に怒られるという経験をたくさんしてきました。僕は、自分が苦手なことをやらないと決めて仕事をしていたからです。

例えば、スーパーバイザーとして約2000店舗の管理をする役職についた時のこと。業務のうちの一つに、金庫の中の現金、ハンバーガーやポテトの無料券の枚数、マックカードという金券の枚数などを、細かく全てチェックして、間違いや不正がないかを管理する業務がありました。

僕はこの管理業務が大の苦手だったので、一切やりませんでした。でも、仕事を完全に放棄していたわけではありません。苦手な仕事をやらない代わりに、自分の得意な仕事を大量にこなしていきました。

当時、メイド・フォー・ユー（MFY）という、オペレーションシステムの変更が全店舗で行われていました。

作り置きのハンバーガーを売っていた以前の方針を取りやめ、お客さんの注文が入ってからハンバーガーを作り出すという、マクドナルド史上、一番大きな変換期です。アメリカで導入に5年かかったところを、アメリカの例を踏襲して日本では2年で導入完了を目指すという激動の時期でした。

オペレーション変更は、「ルールが変わったよ」とスタッフに伝えれば、マニュアル通りに実施して定着していくというわけにはいかないのです。

今まで滞りなく進んでいたものを変更することは、往々にして嫌がられます。

「このオペレーションでは、作業負荷が高過ぎます」

「2年間での短期導入なんて、無理じゃないですか？」

たくさんの反発の声があがります。多くのスーパーバイザーはその反対の声を押し切って、店舗で徹底的にトレーニングをしていました。


でも僕は違う方法をとりました。


そもそもこのオペレーション変更はどんな意味を持っているのか。

お客様にどんな価値提供ができるようになるのか。

マクドナルドの未来はどう変わっていくのか。


その全てを店長はじめ、アルバイトスタッフに伝えなければ、上手くはいきません。だから、僕はトレーニングをする前に、スタッフの心を動かすミーティングを実施しました。

単純にオペレーション・トレーニングをしても上手くいきません。
感情が動いた時に、人ははじめて行動を起こします。

まずはスタッフ同士の心を通わせ、心を動かすミーティングを実施してからトレーニング。そしてフォローアップを実施して、オペレーション変更を進めていきました。
すると、僕が担当したエリアはメイド・フォー・ユーの導入が滞りなく進む中、他のエリアでは問題が多発するという状況になりました。

そこで僕は、他のエリア担当のスーパーバイザーに交渉するようになりました。
「メイド・フォー・ユーの導入、俺がやってやるよ。そのかわり、うちのエリアの管理業務やってくれないかな」

人の心に火をつけてチームを導くのが得意な僕と、細かい作業が得意な他エリアのスーパーバイザーの利害が完全に一致します。

お互いが自分のフィールドで活躍して、他人のフィールドで動くことのない、理想の働き方を続けていたのですが……上司に怒られました。

上司「鴨頭、管理業務を全くやってないだろ」

鴨頭「はい、やってません」

上司「何でやらないんだ、ちゃんとやれ」

鴨頭「僕は仕事をやってないわけじゃないんです。代わりにメイド・フォー・ユーのリプレースをバンバンやってます」

上司「だからそれが問題なんだよ。なんで自分の仕事をやらずに、他の仕事に手を出すんだ」

鴨頭「僕は伝えるのが得意で、他のエリアのスーパーバイザーはそれが苦手だからです。僕の苦手なことは、彼らがやってくれています。業務に穴を開けているわけでもないし、マクドナルド全体のパフォーマンスも上がってるじゃないですか。何が問題なんですか！」

こうやって上司とやり合って、上司に嫌われます。でも、成果はしっかりと出すので会社には高く評価されていました。

自分の強みを活かせば、文句を言われ、理解されないことはあるけれども、最終的には認められます。

自己理解がしっかりとなされていれば、他人の評価軸を気にすることなく、自分の評価軸で物事を考えることができるようになるのです。

自分のフィールドで生きていこうと決意した時、僕の過去がなぜあれだけ辛かったのかがよく分かるようになりました。

例えば、野球をやっていて辛い思いばかりしていたのは、兄貴のフィールドで生きていたからなのです。

僕が野球部に入ったのは、兄貴を追いかけていたから。でもそこは僕のフィールドではなく、兄貴のフィールドだった。

「期待に応えられない俺って、何なんだろう……」

スーパースターの兄貴を追って今治西高校に入学した僕を、学校中が、今治中が期待をしていました。でも、期待には応えられなかった。

今思えば、自分の特性のないところで競ってはいけなかったのです。

でも、当時の僕には分かりませんでした。本当は「喋ること」が強みだった。野球ではなかったのです。思い返すと、「喋ること」はずっとやっていました。

「あんたは口から先に生まれてきたのよ」って、お袋からずっと言われていました。

三つ年上の兄貴とは、毎日喧嘩をしていました。兄貴が僕を殴って、そのあと親父が兄貴を殴って毎回喧嘩が終わります。

兄貴が僕に手を出すことには理由がありました。僕の方が、圧倒的に口喧嘩が強かったからです。

僕は兄貴が完全に逃げ道をなくすまで徹底的に口で言い負かします。すると気に食わない兄貴は、腕力では僕に勝てるので殴ってくるのです。それを見て親父が兄貴を腕力で捩じ伏せて喧嘩を終わらせる。

僕はその光景を見て、全てをコントロールしているのは僕だと思っていました。兄貴と親父は腕力にものを言わせることしかできないけれども、僕は自分の正しさを理論的に主張できていると、幼いながらに思っていました。

でも、「喋ること」はずっとやってきたし、得意だったけれども、それが自分の強みだとは気づきませんでした。

福岡県の弁論大会で優勝しても、表彰状をもらえただけで、僕の周りの環境が何か大きく変わることはありませんでした。

野球部ではうまく喋ることができても、決して評価されることはありません。声が大きくてよく声が通ることは評価されていましたが、論理的に話せるからといってレギュラーにはなれないのです。

僕にとって「喋ること」は強みになることはなく、「よく喋る」という性格の一部を表すに過ぎないものでした。

自己理解ができていないと、人は自然と他人の評価軸に入っていきます。幼い頃の自分がそうでした。周りの人が良いと言ったら安心し、ダメだと言ったらそこから逃げてしまいます。

自分がどうしたいかは関係なく、周りの人の意見に振り回されていました。でもこれは、マクドナルドで働いて成果を出し続けていく中で、自然と解消されていきました。

僕は、他人のフィールドではなく、自分のフィールドで生きていくようになっていたのです。

そしてそれは自分の強みの発見です。これも僕の人生での大事な「選択」でした。

ボスの言葉のおかげで、本当の自己理解

守谷先生との出会いをきっかけに、勇気を持って言葉にすることで周りの人から認められるということが分かりました。

そして、僕は話すことが得意で、話すことで人生を切り拓いていくことができると気づくことができました。

マクドナルドで働き始めてからも、失敗と挫折を繰り返しながら成長を続け、大きな成果を出すこともできました。

けれども、本当の「自己理解」ができたのは、マクドナルドを卒業する直前のこ

とでした。

話すことが得意なことはわかっていました。でも、この先どうやって生きていけば良いのか。

自分の生き方の選択が、自己理解と完全に合致したのは43歳になった時でした。そしてそれは、僕の人生の師匠であるボスが気づかせてくれました。

「嘉人、お前、結局何になりたいんや?」

僕が40歳になった時から、ボスに何回も問われた質問です。その答えに辿り着くのに3年の年月がかかりました。

鴨頭「ボス、分かりました! 僕、人気者になります!」

ボス「お前、今43よな?」

鴨頭「はい」
ボス「子どもも2人おったよな？」
鴨頭「はい」
ボス「今から人気者目指すんか？」
鴨頭「はい。でもボス、人気者は有名人とは違います。僕と出会って、本当によかったと思ってくれる人の数を増やすんです。僕、そのためだったらなんだってできます」

僕が熱く心の内を語った時、ボスが背中を押してくれました。

「そうか……なら、やったらええやん」

僕が本当に自分の中の強みと、自分の生き方を完全一致させるって決めたのは、ボスの言葉を聞いたこの瞬間からでした。

その当時、僕は人気者とは何ぞやということをずっと考え続けていました。僕の中の人気者のイメージは、例えば野球だったら親父が大好きだった読売巨人軍の長嶋茂雄さん。音楽だったらサザンオールスターズの桑田佳祐さん。

その人たちの共通項目は何だろうと考えた時、一つの答えに辿り着きました。それが、

「自分の唯一の強みを使って、多くの人を喜ばせている人」

そのために、これから先どうやって生きていけばよいか。どうやったら人気者になれるかと考えた時に、「やっぱり喋るしかない」と決意が固まりました。

自分が喋ることで、多くの人を勇気づけて、多くの人を元気にして、多くの人を救ってあげることができれば、僕は人気者になれるのだと思いました。

マクドナルド時代は、「結果を出している自分は素晴らしい。結果を出せない自分はダメなやつ」だと思っていました。人からの評価ばかりを気にしていたからです。
でも、43歳で「人気者になる」という人生の使命に気づいてからは、結果に拘らなくなりました。他人から批判されることがあっても、立ち止まらなくなりました。人気者になると決めたら、怖いものがなくなりました。自己理解ができると、自分が何者かが分かるからです。

鴨頭嘉人は、二人います。
繊細で傷つきやすくネガティブな鴨頭嘉人。
弱い人を守ってあげられるスーパーヒーローの鴨頭嘉人。

僕はダメな自分の姿を知っています。一人になると、いつも心のどこかで「失敗するんじゃないか……」とビクビクして、でもその不安を掻き消すかのように自信満々なフリをする。

でも……自信満々な僕の姿は、周りの人の勇気に変わっています。他人から見た鴨頭嘉人は、紛れもなくスーパーヒーローです。ポジティブで弱い人の心の拠り所となる、僕が本当になりたかった人気者そのものの姿です。

「鴨頭嘉人って、どんな人？」

この質問に対して、「繊細で傷つきやすくてネガティブな人」と答える人はほとんどいないでしょう。

つまり、自信満々なフリをしていた弱い鴨頭嘉人は、自信に満ち溢れたエネルギッシュな人物に変わります。はじめは偽物だった自信は、本物に変わります。

僕は、「人格は人工物だ」と思っています。思い描いた理想の自分は、自分でつくっていくことができます。

過去の積み重ねによって、今の自分ができています。理想を描きながら、「そうなりたい！」と思って過去を積み上げていけば、絶対にそうなれるって信じています。

まさに、

『そう、思ったら、そう』

この話をすると、よく否定されることがあります。

「そんなに上手く事が進むわけがありません」

「人格は作ることなんてできません」

そう言われると、いつも思うことがあります。やっぱり、

『そう、思ったら、そう』

批判的な意見をおっしゃる方は、理想を思い描いても、思い通りにいかないと思っているから、そうなるのです。

僕は、人格はつくれると思っているから、今の鴨頭嘉人を作り上げることができました。思った通りにしかなりません。

きっと本当の鴨頭嘉人は、コンプレックスに苛《さいな》まれていた幼少時代を引きずった弱い人間です。

でも、積極的で勇気のある理想的な自分を追い求めてきたから……自分の中に「二人の自分」がいることに気づき、それを受け入れることができたから、強い人間になれたのです。

そう、僕は弱い人間だけど、強くなれると思ったから、強くなれたのです。

5章

能力を見つけ、人を動かす

認められた経験のない人が、一番輝ける！

マクドナルドで店長になると、店舗の中での役割が変わります。それまではプレイヤーとして現場でバリバリと働くことが仕事でしたが、店長は人を動かす立場になります。アルバイトスタッフや社員の働く姿をよく見て、その人たちの能力を引き出すことが店長の仕事です。

１０２弘前店は、当時全国３、３００店舗の中、従業員満足度調査、お客様満足度調査、売上伸び率の三部門で日本一を獲得しました。三部門同時受賞を果たした店舗は、後にも先にも102弘前店だけです。

僕は最優秀店長に選ばれて、シカゴ研修の機会をいただきました。これ以降、どの店舗に着任しても何かしらの部門で日本一を獲得し、優秀店長として表彰していただきました。

マクドナルドでは、業績を出すとボーナスが支給され、昇格させてくれますが、一番のご褒美は「転勤」です。優秀な店長だと認められると、店舗改革のための人事をきり、店舗経営が難しいお店に着任します。

僕は三部門で日本一を取ってから、行く先々がいわゆる「問題店舗」ばかりでした。オープン以来一度も黒字になっていないお店、慢性的な人手不足で苦しむお店、事件・事故が起こり続ける呪われたお店。

最初はお店の状態がボロボロで、ほとんど休みなく働くことになります。でも、会社が僕に期待してこのお店に着任したと思っているので、どんな困難も乗り越えることができます。

そしてそれは、僕一人の頑張りではありません。一緒に働く社員や、アルバイトスタッフと力を合わせて困難に立ち向かいます。

マクドナルドの店長時代に、分かったことがあります。

人から認められた経験がない人が、一番変わることができる。

例えば、地元のヤンキーグループと付き合って、親から見放されているような高校生が、マクドナルドでアルバイトとして働いていることがよくありました。

平日に小学校の運動会が予定されるなど、何か特別な行事があると、マクドナルドの売り上げはその日に限って劇的に伸びます。

けれども、平日の昼間にシフトに入れる方は主婦が中心。人手不足で上手くお店を回す事ができません。そのとき、ヤンキーの高校生の出番です。

「お前さ、どうせ明日も学校行かないんだろ。明日の昼、シフト入ってくれないかな」

「分かりました」

昔はこんなやりとりをよくしていたものです。

すると、お店としてはとても助かります。

「ありがとう！　おかげで助かった！」

「君がいなかったら、今日は大変なことになったたよ。ありがとう！」

寄ってたかって、そのヤンキー高校生を褒め称えます。

「いや、そんなことないっすよ」

照れ隠しをしながらも、心の底では飛び上がるくらいに喜んでいるのです。

学校では居場所がない。家では親に褒められたこともない。いつもどこに行っても白い目で見られていたのに、はじめて沢山の人から感謝をされるからです。次のシフトから、キラキラと目を輝かせながらバリバリ働き始めます。

そして社員になり、店長に昇進していく。僕はそんな光景を幾度となく見てきました。

僕が店長をやっていた頃のマクドナルドは、業績も右肩上がりで、いわゆる高学歴のエリートが多く入社していました。

僕はちやほやされやすいエリートではなく、ヤンキー高校生のようなコンプレックスを持っている劣等生に注目していました。そして、その人を徹底的に褒めるのです。彼らが劇的な変化をするきっかけとなるツボを探すことに注力していました。

劣等生の奥底には、光り輝く可能性が眠っています。今まで認められたことがなかった人が認められた時、その人は自分を認めてくれた人のために、会社のために全身全霊で働きます。

そして、今まで気づけなかった自分の能力に気づき、自分のフィールドを見つけ、自分の輝く場所で活躍します。

世の中の構成上、エリートよりも劣等生の方が、数が多いのです。圧倒的多数の認められていない人たちの能力を引き出し、輝かせることこそが人の上に立つ人に一番求められていることです。

「社会に認められていない人が、大きく化ける」

マクドナルドの店長時代に、大切なことを教えてもらいました。

これもまた、コンプレックス人間だったからこそ自分のものにできた教えです。

「承認」と褒めることとは違う

僕の人材育成方法は、他のマクドナルド社員とは一風変わっていました。

例えば、スーパーバイザーという店長をトレーニングする役職に就いたときのことです。店舗に入って店長にこう尋ねます。

「この店で、ハンバーガーにレタスを一番綺麗に乗せられるスタッフって、誰？」

すると店長は困惑します。そんなことを聞かれたこともなければ、考えたこともないからです。

売上や在庫管理などの店舗経営に関する数字はしっかりと把握していても、誰が一番レタスを乗せるのが上手いかは把握できていません。僕はすかさずこう言います。

「ＯＫ、ありがとう。次回僕が店に来た時に教えて」

スーパーバイザーは同じ店舗を毎日見回りにいくわけではありません。担当エリアを順番に回っているため、次に同じ店に来るまでには2～3週間はかかります。

「この前の宿題できた？　レタスを乗せるの、一番うまいの誰だった？」

「上田君です」

「すごいじゃん。2番目とかも分かった？」

「平田君です」

「すごいじゃん！　ちなみに、ケチャップを打つのが一番うまいのって、誰？」

するとまた答えに戸惑います。そこでまた宿題を出します。

すると、店長はメキメキと成長していきます。

大切なことは、レタスを綺麗に乗せるスタッフ、ケチャップを上手く打てるスタッフ、ハンバーガーの提供が早くて正確なスタッフを、店長が把握することではありません。

店長が、スタッフの強みを見つけようとスタッフのことをよく見るようになることが大切なのです。

スタッフのことを知り、スタッフの魅力に気づき、スタッフの能力を引き出すことこそが店長の仕事です。

スタッフをよく見るようになると、店長の成長度合いは劇的に高まります。

他の多くのスーパーバイザーは、出来ていない点の指摘ばかりしていました。

「テーブルの汚れが目立ちます」

「もっと大きな声で、笑顔で挨拶をしましょう」

でも、これではお店は良くなりません。それには明確な理由があります。それは、問題を解決しようとしているからです。

問題を生み出しているのは、「人」です。人を育てれば、問題は解決します。人が輝けば、問題は起こりません。

人は〝承認〟されると輝き出します。これは、〝褒める〟とは概念が異なります。承認とは、褒めることではありません。

部下が結果を出したときの特別なコミュニケーションが、〝褒める〟という行為であり、特別なシチュエーションです。

承認とは、人と人との関わり合いから生まれるもの。日常のコミュニケーションのことを指します。

「レタスを乗せるの上手いよね」とは、一見すると褒めているように思えます。でも、これは承認なのです。

「レタスを乗せるの上手いよね」と言われたスタッフの気持ちを考えてみてください。

「え？　そんなところを見ていてくれたんだ」

心の中でそう思っているはずです。ただ、レタスを乗れるのが上手いと褒められたとは感じません。「いつも見ていてくれている」と、存在を認められたと感じます。

例えば、１００回に1回、形の悪いハンバーガーを作ってしまうアルバイトスタッフがいたとしましょう。

多くの店長は、失敗してしまったその一回に目を光らせて、指摘をしてしまいます。でも、そのスタッフは、他の99回は上手に作っています。そしてその最中、レタスの乗せ方が上手くなり、ケチャップの打ち方に微妙な変化が表れています。その姿をただ承認してあげましょう。するとそのスタッフは輝き始めます。

スタッフの成長のためには、指摘は必要ありません。指摘は問題解決には有効です。次に起こり得る問題の芽を摘み、短期的には上手くいきます。

でも、それでは継続して成果を上げ続けることはできません。長期的に考えて、スタッフの良いところを見つけて承認する。そしてスタッフ本人に自信を持たせていくことで育てていくべきです。

どうしても悪い部分に目が行きがちになりますが、人材育成には長い時間が必要と考えましょう。人を育てるためには、承認力がすべてです。

人を動かす力は、人に惚れさせる力

僕は店長として最初に着任した仙台のお店で、コミュニケーションの取り方を誤ったことで大失敗を犯しました。

そして同時に、大切なことを学ぶことができました。それは、「人は感情に左右されて生きている」ということです。

だから、「この仕事が大好き」と思えば、スタッフは生き生きと働き始めます。

「マクドナルドが大好き」「この店長について行こう」と思えば、人が変わったかのように働き始め、思いもよらないような力を発揮します。

マクドナルドの店長をやっている時にわかったことがあります。

リーダーの仕事は、「惚れさせること」です。

マクドナルドはリーダーとしての心得を学ぶためには非常に良い環境でした。自分も含めて、サンプルデータが大量にあるからです。

ものすごく優秀な店長と、店舗経営が上手くいかない店長の違いを分析するデータが、約3、300店舗分あります。アルバイトスタッフが抱えがちな問題のサンプルが、約15万人分あります。

マクドナルドは人が多くて事例が多いだけでなく、結果が目に見えてわかりやすいという特性もあります。

業績が悪いときは、トイレが汚かったり、お客さんがレジ待ちの行列でイライラしていたり、形の悪いハンバーガーが提供されています。目に見えて悪くなったり、目に見えて良くなったりするので、データ検証に狂いが生じません。

自分よりも頭が良くて優秀な店長にも関わらず、店舗運営が上手くいかない例をみていると、アルバイトスタッフの気持ちを汲み取れていない場合がほとんどです。逆に、お世辞にも能力が高くない店長でも、お店のスタッフがキラキラと輝いている例を見ていると、店長が惚れさせる力を持っていることがわかります。

実務を進める能力はまた別ものです。人がついていく人とついていかない人の違いは、惚れさせる力でしかありません。

皆さんの周りにも、一人はいるのではないでしょうか。全然仕事もしないでお酒ばかり飲んでいるのに、周囲から好かれて人を育てるのがうまい人。スタイルは違えど、人たらしで人から好かれる人ほど、チームビルディングが上手なものです。

僕も店長として上手くいくようになってからは、スタッフとのコミュニケーションが全てだと思い、とにかく会話の量を増やしていました。スタッフ全員の前日の晩御飯まで把握しているくらいに会話をしていました。スタッフの悩み相談の内容は、職場の人間関係や業務内容ではなく、100％プライベートについてでした。

講演家として多くの人と出会い、企業研修を通じてたくさんの会社を訪問させていただきましたが、やはり同じです。

人に惚れさせるリーダーがいる組織は、しなやかで強くなります。リーダーに惚れさせる力がないと、成果を取りこぼしたり、ほころびが生じます。

人を動かすために必要なものは、能力ではなく感情です。好きか嫌いかが全てです。

僕の場合は「人気者になる」ことが人生理念です。社員から好かれていなければ駄目だし、ファンからの人気を集めなければ駄目。
人気者になるために行っていることは惚れさせる力に直結し、結果的に会社の売上や利益にも繋がります。

僕は社員や目の前の人の良いところを探すことが習慣になっています。そして、その人のいいところを見つけることこそが、コンプレックス・リベンジのキーになっていると思っています。

「自分には何もいいところがない……」と思っている人に、「こんな武器があったんだ！」と気づくきっかけを与えるためです。そこからその人は劇的に変わっていきます。

僕が昔、守谷先生や佐野さんに承認してもらったように。
お袋から、「話すこと」が生きる道だとヒントをもらったように。

そして、親父から「お前はやればできる」と背中を押してもらったように。

今度は僕の番です。たくさんの人の良いところを探し、承認して背中を押し続けていきます。

未来は思った通りになる

沖縄で過ごしていた時には、「自分なんか生まれてこない方が良かった」といつも思っていました。周りからは「ヤマトンチュ」と言われ、「お前はここにいるべきではない」と否定され続けていました。自分のことを認めることができず、自己実現とは程遠い日常を送っていました。

僕は自分の居場所を求め、その唯一の居場所は「家」でした。だから、僕は両親に学校でいじめられると言えず、戯けてばかりいたのです。

もし学校でいじめられていることを親に話して、「それはお前が悪い」と言われてしまったら、自分には居場所がなくなってしまう。無意識的にそう思っていたのです。

福岡に引っ越して守谷先生に出会ってからはガラッと変わりました。守谷先生が「勇気を持って言ってくれてありがとう」と言ってくれたことで、「僕には勇気があるんだ。勇気を持って自分が思ったことを言葉にすれば、認めてもらえるんだ」と思えるようになりました。

守谷先生に認められ、人が変わったかのように積極的になり、弁論大会で優勝してしまうくらいに、堂々と自分の意見を人前で言えるようになりました。

愛媛県での中学高校時代は、野球が下手な自分に嫌気がさし、レギュラーを取れずに声の大きさ以外認められるものがありませんでした。高校時代は学校の中でも浮いた存在となり、自分の居場所を求めて音楽にのめり込みました。

マクドナルドで働き始めてからは、失敗と成功を繰り返し、多くの人に支えられながら43歳にして自分の使命に気づくことができました。そして、自己実現のために独立しました。

現在、僕が目指しているのは、多くの人が承認を得られる社会を創ることです。独立してすぐに始めたハッピーマイレージ活動は、お客様がサービスパーソンを承認するという仕組みを形にしたものです。

サービスパーソンは「自分の仕事には価値がある」と思うようになり、やがて「もっとお客様を喜ばせたい」と思うようになります。人によっては「独立起業して自分のお店を作りたい」と、多くの人が自己実現に向かうことを信じて、ハッピーマイレージ活動を続けました。

今ではその発展系として、承認する気持ちが経済と結びつくシステムとして、日本にチップ文化を導入することを企図しています。

振り返ってみて、気づきました。多くの人が承認を得られる社会、つまり、「承認の世界を創りたい」という僕の想いは、僕自身のコンプレックスが元となって生まれたものでした。そしてそれは、「世界を変えたい」という僕の自己実現欲求に繋がっています。

独立した直後、「ハッピーマイレージで世界を変える！」と言っても、誰も耳を傾けてはくれませんでした。でも、僕はめげることなくハッピーマイレージカードを配り続けました。コンビニエンスストアで働いているスタッフに、ハッピーマイレージカードを配っていました。定食屋さんやファミリーレストランのスタッフに、カードを配っていました。時には道路工事の人やごみ収集をしているお兄さんにまで、カードを配りました。

今考えてみれば、その時の行動は、自分のことを認めるための準備だったのです。

人間の脳は、主語を認識することができません。承認の言葉を聞いた時、それが自分に向けられたものでなかったとしても、あたかも自分が認められているかのように、脳は勘違いを起こします。

「あなたは素晴らしい」「いつも笑顔だね」「いつも頑張っているよね」。他人を承認した時に、自分が発した承認のメッセージを聴くことで、まるで自分が承認されたかのように脳は勘違いを起こすのです。

だからこそ、「脳の勘違い」を利用しましょう。自分が誰かを承認し続けていくと、それは他人から承認を受けたときと同じ状態になります。他人に承認されるのを待つのではなく、他人のことを承認しましょう。

「そうは言っても、他人を承認して本当に自分が満たされるようになるの？」

「誰かに承認されていない時には、他の誰かを承認することなんてできない」

そう思われる方も多いかもしれません。でも、信じてやり続けて欲しいのです。

僕は独立してからずっと、他人を承認し続けていました。心の中に承認のバケツがあったとして、承認されることでバケツの中に黄金水が注がれることをイメージしてみてください。僕は独立してからずっと、自分の承認のバケツは空っぽでした。実績が無く、影響力も無い僕の話をまともに聴いてくれる人はいませんでした。他人から承認なんてされることはなかった。

でも、僕はハッピーマイレージカードを配り続けて、他人を承認し続けました。すると、僕の脳は勘違いを起こし、僕の承認のバケツに水が溜まり始めました。そして、「自分は出来る！」とスイッチが入り、やがてそこから「夢を叶えよう」とか「想い通りの人生を歩もう」と自己実現に向かっていきました。すると、後付けのように実績が生まれ、影響力を持つようになり、本当の意味で周囲から認めてもらえるようになりました。

このことは、僕が大好きなYouTubeの動画でも証明されています。アメリカの

社会心理学者 エイミー・カディ の「ボディランゲージが人を作る」という動画です。
(https://youtu.be/Ks-_Mh1QhMc)

これは、2分間のパワーポーズでホルモンバランスが変わり、結果として面接などのストレスがかかる場所で合格しやすくなるという理論を打ち立てたものです。

つまり、「力強いフリをすれば力強い人間になれる」ということです。

スピーチの中で、彼女はこんな言葉を紹介しています。

Fake it till you make it.

Fake it とは日本語で「騙せ」
till you make it は「あなたがそうなるまで」

つまり、「騙し続けろ。自分自身がその状態になるまで」

僕はずっといじめられっ子で「自分なんて……」と思い続けていました。野球をやれば兄貴に敵わない、野球部の中でレギュラーも獲得できない。大学受験にも失敗し、コンプレックスに苛まれた過去があります。

でも……

「世界を変える男、鴨頭嘉人」
「この世界を、承認の世界に変えるんだ」
と言い続けて、本当に自分が作りたい世界を作るために独立後してから活動してきました。

もちろん独立当時の僕は、収入もない仕事もない応援者もいない。言っていることと現実がかけ離れている人間でした。嘘つきだとか、詐欺師のように見られていたかもしれません。でも、周りからどう言われるかは、もはや関係ありませんでした。

「講演家って、ただ喋っているだけで、何も成し遂げていないじゃないか」と陰口を言われようが関係ありません。

自分を騙し続けて、やがて本物になっていきました。

独立してからは、そのことを証明し続ける10年間でした。そして、これからも証明し続けていきます。

本書を読んでくださっている方の中にも、「こんな世界を作りたい」「こんな人間になりたい」という思いを持った方がいらっしゃると思います。

語り続けてください。あなたの言葉があなた自身を作るのです。

自分を騙し続けるのです、あなたが思った通りの姿になるまで。

必ず、未来は思った通りになります。

5章 能力を見つけ、人を動かす

エピローグ

～いま悩んでいるあなたへ　「コンプレックスは武器になる」

僕は自分の経験を通じて、自信を持って言うことができます。

「人は思った通りの人間になれる」

僕は、今の鴨頭嘉人は人工物だと思っています。そしてそれは他の誰でもない、僕自身が作り上げました。

理想像を思い描き、その理想の鴨頭嘉人はどんな表情で、どんな言葉遣いをして、どんな人にアプローチをしているのかを、いつもシミュレーションしていました。

そして思い描いた姿を演じ続けて、理想と現実が一致するようになりました。


「それは鴨さんだからできるんですよ」


多くの人に言われます。

でも、「そう、思ったら、そう」なんです。


鴨さんには出来たけれども、それは鴨さんが特別な人だから。私には無理だと思った方は、その通りの現実を引き寄せます。

鴨さんが出来たように、私にも出来るはずだと思った方は、思った通りの現実を引き寄せます。

理想と現実のギャップに悩んでいる方にお伝えしたい。

「大丈夫。あなたは思った通りの人間になれます」

そしてもっと言えば、僕は劣等感を持つことは素晴らしいことだと思っています。僕は自分の頭が悪いと思っているから、自分より優秀な人の頭脳を使うことができます。自分より能力が高い人に合わせて、そこからたくさんのことを吸収するようにしています。

例えば、僕には思いつかないことを、西野亮廣さんはどんどん思いつきます。だから、時間の関係などで西野さんが実施したいけど実施できないアイデアは、どんどん実現しようと思っています。

頭が良くてプライドが高い人は、独自のやり方を考えたりして、そのまま受け入れることができません。

でも僕は劣等感があってプライドを下げる力が強いので、素直に人のアイデアを受け入れることができるのです。

マクドナルドを卒業してから10年が経った今、僕は新たなチャレンジに踏み切りました。

それが、「日本にチップ文化を作る」というものです。

元々欧米では当たり前であるチップ制度は、お客様がお店のスタッフが一生懸命にサービスする姿を見て、心が動いて渡すものです。

チップは、ただお金を渡すだけの行為ではありません。そこには「感謝」と「応援する気持ち」があります。

コロナ禍において、飲食店は過去に一度も経験したことのない苦難に立ち向かっています。２０２０年の飲食店の倒産数は過去最多となりました。

このままでは今まで地域に愛されたお店も、多くの人が足を運んだ場所も、人々の思い出の場所もなくなってしまうかもしれない。

もう助成金だけでは足りません。かといって、資金を集めて直接お渡しするだけでは、一過性のものに過ぎません。

だからこそ、「文化」という根強いものを目指した取り組みが必要なのです。


日本にチップ文化が根付けば、飲食店とお客様が一丸となってこの苦しい状況を助け合いながら乗り越えることができると思っています。今この飲食業界で働き耐え忍んでいるスタッフを支えるのは、お客さんの感謝の気持ちと経済が結びついたチップという仕組みです。

「ありがとう」という気持ちと「報酬」、どちらもが兼ね備えられたチップ文化がない日本にとっては大きな変化です。けれども、未曾有の事態において、自ら変わっていく勇気をもって立ち上がらなければ現状は変わりません。


僕はこの思いをたくさんの人に言葉にして伝え続けてきました。

堀江貴文さんにチップ普及についての相談をしたことがありました。当初はお金に対するメンタルブロックが強い日本人の特性を考えて、電子マネーによるチップ普及を検討していました。でも、堀江さんにズバッと言われました。

「鴨頭さん、電子マネーでうまくいかないですよ。アナログのほうがいいです」

この言葉を聞いた瞬間に、僕はアナログでの普及に切り替えました。思い入れもあり、ずっと温めてきたアイデアを即座に方針転換することは、多くの人にとっては考え難いことかもしれません。拘りがあると言いながらも、実はそれほどでもないのでは？　と思われる方もいるかもしれません。

違います。僕は自分より優秀な方の意見は取り入れるべきだと、素直にアイデアを受け入れると決めているのです。

僕の心の中には、「俺には出来る！」と思っている強い鴨頭嘉人と、「失敗したらどうしよう……」といつもビクビクしている弱い鴨頭嘉人の二人がいます。

自分よりも優秀な人に出会った時、弱い鴨頭嘉人がこう言います。

「抗うな、その人に従え」

そしてその通りに行動していくうちに、強い鴨頭嘉人がこう言うのです。

「大丈夫、俺ならやり遂げられる」

僕は、自分の中に強い鴨頭嘉人と弱い鴨頭嘉人の二人が存在していることが強みだと思っています。

この本を読んでくださっている方はきっと、「自分は弱い人間だ……」と思って、それが悪いことだと感じている人だと思います。

自己肯定感が高く、エネルギッシュで行動力のある強い人は、きっと本書を手に取らないでしょう。僕はそれでいいと思っています。

本書を手に取っていただいた方に、コンプレックスを持って悩んでいる方に伝えたい。

「そのコンプレックスこそが、あなたの強みです」

コンプレックスを恥じることは、絶対にやめてください。

人は自分の強みには自分で気づくことは難しいです。気づくきっかけは他人でも良い。ヒントを得た後に、その強みを自分に擦り込むかの如く何度も繰り返しましょう。

その時に、こう感じる方がいるかもしれません。

「自分は一つのことしかできないんだ……」

僕はそれでいいと思っています。むしろ、一つのことに長けているのが良いと思っています。

バランスをとってしまうと、自分の良さが影に隠れてしまいます。得意な一つのことが突出している方が、かえって自分の良さを実感できるのではないでしょうか。

他のことは何一つできなくてもいい。自分の強みを磨き上げましょう。

コンプレックスは武器になります。

僕は、松下電気器具製作所・松下電器製作所・松下電器産業を一代で築きあげた、パナソニック創業者の松下幸之助さんと、ある塾生とのやりとりに感銘を受けました。

「なぜ松下先生は、他の人が成し得なかった大きな成功を手にすることができたのでしょうか。その理由を教えてください」

この質問に、松下さんは以下のように答えたそうです。

「私が成功した理由は三つあります。一つ目は、私の家が貧しかったからです」

1894年（明治27年）生まれの松下さんの家は、たいへん貧しいうえに子どもが多く、松下さんは9歳のときに丁稚奉公に出されます。

奉公先では食事と寝る場所は与えられるものの、社会保障なし、定年もありません。

「だから私は、商いの原理原則を体で覚えられた」

と、おっしゃっていました。

「商いの原理原則とは目の前の人に尽くすこと。私は理論ではなく体で覚えることができた。

そして貧乏を経験したからこそ、お金の価値を身を持って感じることができた。

だから、私は商いで成功したのだ」

二つ目の理由は、「私は頭が悪かったから成功した」とのこと。

「松下電器に入社してくる社員は全員、私より頭が良かった。だから私は、社員に仕事を任せることができた」

9歳のときに丁稚奉公に出て、まともに学校に通うことができなかった松下さんにしてみれば、

「すごい！　そんなことができるの？　僕にはできないことだ。ありがとう！　この仕事、任せた！」

といった心境だったはずです。自分より優秀な社員を心から信頼することができたからこそ、大きな成功をおさめることができたのです。

三つ目の理由は「体が弱かったから」

高度経済成長期に入った日本ではとにかく物が足りませんでした。裏を返すと〝作れば売れる〟時代でした。

「水道の蛇口をひねったら水が出てくるかのように、世の中に便利な製品を生み出

し続ける」

これが当時の松下電器のビジョンです。ビジネスを成功させるには、物を作り出すたくさんの工場が必要となりました。けれども、十分な通信インフラが整備されていないいため、企業が持てる工場の数は限られている。

「今日は何個製品を作れた?」「何か問題が起きていないか?」

ＬＩＮＥやスマートフォンはおろか、ファックスすら無い時代に、社長は毎日工場へ通う必要がありました。けれども松下さんは体が弱かったので、すべての工場を回るだけの体力がありませんでした。

そこで生まれたのが、事業部制です。総務部・人事部・営業部など、部署ごとに業務を統括する、今では当たり前のシステムを最初に取り入れたのが松下さんでした。社長が出向くのではなく、各部のリーダーが社長室へと足を運び、売上げや職場環境を報告する仕組みを作り上げました。

やがて松下電器は工場の数を増やして経営規模を拡大し、巨大企業へと成長していったのです。

自分よりも優秀な人材が会社に入ってきたら、上に立つ者はつい虚勢を張って部下を統率してしまうのではないでしょうか。いくつもの工場の管理は無理だと分かったら、経営者は新たな事業展開を諦めてしまうのではないでしょうか。

でも松下さんは違いました。

「貧しかったからこそ、経営の本質を学ぶことができた」
「学力が低かったから、社員に頼り、社員の力を引き出すことができた」
「身体が弱かったから、新しい仕組みを導入することができた」

貧しいこと、学力が低いこと、身体が弱いことは、一般的にはマイナス要因と捉えられます。でも、自己評価のできるセルフイメージが高い人には、そのマイナス要因が強みに見えるのです。人生のステージを上げたり、ビジネスで大きな成果を獲得している人は、セルフイメージが高いです。

でもセルフイメージは、結果が出ているから上がっているのではありません。セルフイメージを意識的に高く保っているのです。セルフイメージが高いから、後から少しずつ結果がついてきます。コンプレックスを武器にして、セルフイメージを高め、出来事の意味を変えているのです。

僕は、「人気者になる」という人生理念を43歳で打ち立てて、公言しました。これ……冷静に考えると、結構恥ずかしいことです（笑）

小学校に入学したての子どもたちが、「友達１００人できるかな」と歌うのと似ていますよね。

「人気者になる」なんて、幼い子が言うようなことを、43歳のおっさんが堂々と宣言しているのです。

マクドナルドという大企業を退職し、起業して社長となり講演家になる人間が声を大にして言っているんです。

でも……何故、僕がこんなことを言えるのか。

それは、「友達がいなかったから」です。

僕の大きなコンプレックスが、僕の強さになり、僕の夢に変わっているのです。

だから、僕は多くの人に伝えたい。

「コンプレックスは、武器になる」

最後までお読みくださって本当にありがとうございました。

いかがでしたでしょうか？

本書を手にとってくださったことで、人生を豊かにするヒントを得て、幸せになる人が1人でも増えることを願いながら、ペンを置きたいと思います。

最後になりましたが、今回の出版にあたりサポートをしていただいた株式会社アートデイズ 代表取締役・編集長 宮島正洋さん、営業部 斎藤邦夫さん、かも出版 木本健一さん。

皆様の支えがあってこの本は誕生しました。

本当にありがとうございました。心より御礼申し上げます。

鴨頭 嘉人

鴨頭 嘉人

（かもがしら　よしひと）

高校卒業後、東京に引越し19歳で日本マクドナルド株式会社にアルバイトとして入社。4年間アルバイトを経験した後、23歳で正社員に、30歳で店長に昇進。32歳の時にはマクドナルド3,300店舗中、お客様満足度日本一・従業員満足度日本一・セールス伸び率日本一を獲得し最優秀店長として表彰される。その後も最優秀コンサルタント・米国プレジデントアワード・米国サークルオブエクセレンスと国内のみならず世界の全マクドナルド表彰を受けるなどの功績を残す。
2010年に独立起業し株式会社ハッピーマイレージカンパニー設立(現:株式会社東京カモガシラランド)。
人材育成・マネジメント・リーダーシップ・顧客満足・セールス獲得・話し方についての講演・研修を行っている日本一熱い想いを伝える炎の講演家として活躍する傍ら、リーダー・経営者向け書籍を中心に20冊(海外2冊)の書籍を出版する作家としても活躍。さらには「良い情報を撒き散らす」社会変革のリーダーとして毎日発信しているYouTubeの総再生回数は2億回以上、チャンネル登録者数は延べ100万人を超す、日本一のYouTube講演家として世界を変えている。

公式HP
https://kamogashira.com

YouTubeチャンネル
https://bit.ly/kamohappy

Instagram
https://bit.ly/kamogram

公式LINE
https://bit.ly/kamobon

Voicy
https://voicy.jp/channel/1545

コンプレックス・リベンジ
～ 僕はいじめられっ子だった ～

2021 年 6 月 16 日　初版第 1 刷発行

著　者　鴨頭嘉人

発行者　宮島正洋
発　行　株式会社アートデイズ
〒 160-0007　東京都新宿区荒木町 13-5
四谷テアールビル 2F
電話 03-3353-2298　FAX 03-3353-5887
http://www.artdays.co.jp

印刷所　中央精版印刷株式会社